i Robinson / Letture

Luciano Ligabue

La vita non è in rima (per quello che ne so)

Intervista sulle parole e i testi

a cura di Giuseppe Antonelli

Editori Laterza

www.laterza.it

Prima edizione settembre 2013

Edizione
1 2 3 4 5 6

Anno
2013 2014 2015 2016 2017 2018

Questo libro è stampato
su carta amica delle foreste

Stampato da
SEDIT - Bari (Italy)
per conto della
Gius. Laterza & Figli Spa
ISBN 978-88-581-0873-4

È tutto scritto ed è qui dentro
e viene tutto via con me

Atto di fede

Indice

Premessa

Retropalco

La vita non è in rima
per quello che ne so

Ti sento

«La vita non è in rima» vuol dire da un lato che i conti non sempre tornano; dall'altro che, per fortuna, non siamo costretti a vivere secondo uno schema precostituito. E infatti anche questo libro ha uno schema libero. Al centro c'è la scrittura di Ligabue, in tutte le sue forme. Si parte dalle parole – delle sue canzoni, dei suoi libri, dei suoi film – e si arriva a parlare del suo modo di vedere il mondo. La lingua e il dialetto, la famiglia e la politica, il dolore, la speranza, l'arte, il calcio, il sesso, l'amore, l'amicizia, la memoria, la felicità di riuscire a sentirsi – anche solo per un momento – «leggero, nel vestito migliore, nella testa un po' di sole ed in bocca una canzone».

Come ha scritto Vincenzo Cerami, «un letterato lo definirebbe, forse, il neoesistenzialista della musica italiana... c'è sempre un fondo ambientale nelle sue canzoni, un dolente background civile che dà spessore alle sue parole, le inquadra in una sincera quanto complessa visione del mondo». Dentro alla scrittura di Ligabue c'è un uso delle parole che rappresenta un punto di vista sulla vita. Ma c'è soprattutto tanta musica, che trasforma e amplifica il senso di ogni parola. Perché per ogni cosa detta c'è sempre un motivo e quel motivo è spesso il modo in cui la canzone ci entra nelle vene, diventa parte di noi. Tenendo quella musica come implicita colonna sonora, questo libro mira a esplicitare il senso di quei testi. A mettere al centro la scrittura per ricostruire tutto quello che c'è dietro e intorno. A ragionare di grammatica del rock per arrivare – se esiste – alla grammatica delle emozioni che passano attraverso quelle parole e quella musica.

A proposito di grammatica. C'è nella lingua italiana una strana regola (una convenzione più che altro, una regola non scritta): quella per cui alle persone importanti si dà del lei, ma ai miti si dà del tu. Fin dalla prima volta che ho intervistato Ligabue (al Festivaletteratura di Mantova, esattamente un anno fa), ho scelto di non violare questa regola. E, parafrasando la sua Vivere a orecchio, *gli ho chiesto: da dove ti viene una canzone? e dove ti porta una canzone?*

Nell'intervista dalla quale è nato questo libro ho cercato di riprendere e ampliare quel discorso. Stavolta, però, in ogni domanda ho inserito una citazione. L'ho fatto perché, da amante di Borges e di Battisti, sono convinto che la citazione sia il sintomo d'amore al quale non possiamo rinunciare. Perché mi ricordavo che nel booklet del suo primo album anche Ligabue aveva fatto così, alternando ai suoi testi le citazioni più disparate (me lo ricordavo perché quell'album l'avevo comprato appena uscito, quando avevo vent'anni, e avevo letto con una lente d'ingrandimento la copertina della musicassetta, piegata e ripiegata come un origami). Ma l'ho fatto soprattutto perché speravo che quelle citazioni – da libri, film, canzoni, interviste legate a vario titolo al suo mondo – potessero innescare inedi-

te associazioni d'idee, portando Ligabue a raccontare sé stesso come finora non aveva fatto mai.

Poi – come si fa con le impalcature – ho tolto tutto quello che c'era intorno e ho lasciato solo le citazioni e le sue risposte, e di queste ho cercato di mantenere il tono colloquiale, per non perdere il fascino del suono live. Da dodici ore di conversazione sono usciti undici capitoli (numerati da zero a dieci, ovviamente) e in più una bonus track sui testi del suo nuovo album. Perché, ancora una volta, «il meglio deve ancora venire».

Giuseppe Antonelli

Grazie ad Alessandro Della Casa e a tutti gli organizzatori del Festivaletteratura di Mantova, perché lì è nata l'idea di questo libro; a Pietro Casarini, Jarno Iotti e a tutto lo staff di Bar Mario e Liga Channel per essersi presi cura di me quando sono stato a Correggio; ad Antonio Leotti e a Mario Desiati; a Maria Cristina Locori della SIAE; all'Università di Teramo. Un ringraziamento speciale va a Claudio «Maio» Maioli, senza il quale nulla di tutto questo sarebbe stato possibile.

La vita non è in rima
(per quello che ne so)

Zero

I bisogni sono solo sogni raddoppiati?

Io voglio un mondo
all'altezza dei sogni che ho

Voglio volere

Io canto sempre guardando le facce delle prime file, sempre.

Non sono di quelli che cantano fissando un punto nel vuoto: ho bisogno di quel tipo di scambio. E quindi vedo come ognuno di loro canta le parole delle mie canzoni, con che tipo di partecipazione. Poi mi sembra di leggerne l'interpretazione. Facce che si aprono. Facce che lasciano venire su. È una specie di processo catartico a cui non resisto.

Sempre più facilmente, poi, quando vedo la lacrima silente, è difficile per me trattenere l'emozione. E mi si rompe un po' la voce, spesso e volentieri. Mi sa che è qualcosa di irreversibile: sono sempre peggio da questo punto di vista. Insomma, un "rockertuttodunpezzo" direbbe che sto diventando sempre di più una mezza sega.

Comunque mi piace sottolineare che tutto questo movimento emotivo non dipende dalle parole, ma dalle parole *cantate*. Quello che voglio dire è che mi risulta difficile – ma soprattutto che trovo sbagliato – togliere le parole dalla musica, la musica della canzone, e mettermi lì ad analizzarle come parti indipendenti. Quando si parla di canzoni, una delle cose peggiori che si possono fare è proprio quella di provare a smontarle, pensando che sia più semplice o funzionale capirne un pezzo alla volta. Non si può. Per lo stesso motivo per cui, quando parli di emozioni – di mente e di anima – non puoi non fare i conti con il corpo.

Io vedo le canzoni come qualcosa di olistico, una vibrazione che ti arriva tutta insieme. Orecchie, mente, cuore, pancia, organi genitali... Le canzoni ti cambiano il respiro, che a sua volta ti cambia la postura, lo stato d'animo. Mi piace sperare che, quando le mie cose funzionano, abbiano per l'appunto questo effetto. Che la riflessione non stia davanti a tutto, ma arrivi assieme al resto.

«Cominciamo bene», penserai tu che ti appresti a farmi una «intervista sulle parole e i testi». Ma tanto valeva intenderci subito, fissando questa cosa un po' come un'avvertenza, una modalità d'uso: ogni volta che parleremo di una canzone sarebbe bello se chi legge lasciasse emergere le sensazioni, il tono, l'umore prodotti dalla musica, dal suono, dalle vibrazioni, dagli arrangiamenti e da ogni parte di cui quella canzone è fatta. E poi se è vero che parlare di musica è difficile – perché la musica, più che raccontata a parole, va suonata o ascoltata e lasciata a produrre emozioni soggettive –, un tentativo qui e là voglio comunque farlo.

A volte mi chiedo se sia proprio la musica a facilitare l'apprendimento del testo a memoria. Probabilmente anche lì la risposta è che le parti sono inscindibili e funzionano, quando funzionano, solo insieme. Fatto sta che mi sento spesso grato per la possibilità che ho di vedere chi canta le mie canzoni di fronte a me. Sono contento di sapere che, comunque sia strutturato il processo di scrittura, in quel momento non ci sono filtri tra me e chi ho davanti. Che quello che ho scritto fluisce liberamente e arriva vivido a chi ascolta.

«Non mi sono mai sentito così bene fisicamente. E il bello deve ancora venire» ("La neve se ne frega").

Senza contare, poi, la verifica di quanta potenza le canzoni possano esprimere. Se cominciamo dalla fine, l'esempio più recente e calzante è *Il meglio deve ancora venire*. Nel mio romanzo *La neve se ne frega*, DiFo – il protagonista – è certo che per lui sarà così: ma quelli vivono al contrario, ringiovanendo giorno dopo giorno. Io invece, fuori dalla fantascienza, questa frase l'ho scritta a cinquant'anni, sentendo il bisogno di sentirmela dire.

Sei qui per dire,
Mi devi dire che
Il meglio deve ancora venire.

Resta il fatto che ai concerti ho visto bene che cosa quella frase produce ogni volta. È una sorta di liberazione. Come se si formasse contemporaneamente, in chiunque la canta, una specie di fiducia: andrà così. Ha il potere di dare una certa energia. Ovviamente la musica è decisiva per quell'effetto. Oltre alla melodia su cui poggia quella frase, su accordi belli "aperti" in maggiore, c'è un'altra melodia – suonata dalla chitarra – che serve a tessere una sensazione d'insieme. (In molti dei miei pezzi, nei ritornelli, mi piace mettere un'altra melodia – un ostinato, un controcanto – a incrociarsi con quella che sto cantando. È come se si potessero seguire due strade, ma nella realtà già a un secondo ascolto si resta sulla melodia principale, mentre l'altra resta – come dire – di servizio).

Se è vero che il mondo là fuori è fatto di realtà, è altrettanto vero che la realtà è fatta in gran parte del nostro modo di vedere. Il fuori che vediamo è legato al nostro dentro. Tu sai che cosa succede al terzo piano del condominio qui di fianco in questo momento? Non puoi saperlo, però se adesso ti chiedo: okay, secondo te che cosa succede? per forza ti ritrovi a pensarlo con il tuo dentro: devi proiettare. La nostra idea del fuori – dal nostro vicino di casa a quello che sta succedendo a Shanghai – dipende, certo, anche dalle informazioni che riceviamo attraverso Internet, giornali e tv: ma alla fine è il nostro modo di vederlo che fa sì che il "fuori" sia in un modo piuttosto che in un altro.

> *«Se vi è rettitudine nel cuore, vi sarà bellezza nel carattere / Se vi è bellezza nel carattere, vi sarà armonia nella casa / Se vi è armonia nella casa, vi sarà ordine nella nazione / Se vi è ordine nella nazione, vi sarà pace nel mondo» (Confucio).*

In questo caso ho visto in quanti avevano voglia di sentirsi dire che «il meglio deve ancora venire». E ancora di più in quanti avevano bisogno di dirlo ad alta voce o – meglio ancora – di cantarlo.

Beh, è evidente che nessuno te lo può garantire. Ma è altrettanto evidente che pensarlo possibile ti spinge a darti da fare, intanto. Perché se ti rassegni, se pensi che invece il meglio sia passato, allora ti metti nel tuo angolo, immobile, ad aspettare l'arrivo del peggio.

Certo, è stato buffo vedere quella frase sui giornali quando Barack Obama è stato rieletto. Tutti quei titoli che traducevano un passo del suo discorso, riportando a caratteri cubitali «il meglio deve ancora venire». Mi sono arrivati parecchi messaggi, quel giorno, da amici e colleghi che dicevano più o meno: hai finito di rompere i coglioni? Non hai già fatto abbastanza? Ora ti metti a scrivere anche i discorsi dei politici?

> *«Quando canto, so che non lo sto facendo per caso, so che quelle cose le ho già sentite, che qualcuno le ha già dette, che una particolare voce le ha pronunciate. Una buona metà delle mie canzoni ricade in questo schema» (Bob Dylan).*

Se l'ha detto Dylan...

Scrivere è anche il riverbero dell'impatto che la scrittura di altri ha avuto su di te in certi momenti.

Quella che poi è diventata la copertina del mio primo disco (*Ligabue*, uscito nel 1990) ne è un po' un esempio. Era una specie di brochure che avevo fatto con i testi dell'album e con tutto un intarsio di citazioni prese dal cinema, dalla letteratura, dai fumetti, dalla tv. Pensavo che una casa discografica sarebbe stata forse catturata un po' di più se – una volta ascoltato il mio disco – avessero potuto apprezzare quella specie di biglietto di presentazione. Ovviamente era un'illusione. Però quella è rimasta la copertina dell'album. E mi piace che ancora oggi chi l'ascolta si possa divertire a frugare fra quelle cose che non hanno nessuna pretesa, se non di raccontare il più velocemente possibile parte del mondo da cui quel disco proveniva.

Rivedo con tenerezza ma anche con piacere tutto quell'immaginario che andava dal mago Silvan a Van Gogh, da Groucho Marx al caporale Rusty di Rin Tin Tin. C'erano Tom Waits e Nicolò Carosio, Cary Grant e Charlie Chaplin, i Rolling Stones e Woody Allen. C'erano Bukowski, Oscar Wilde, Peter Handke e Kafka a mescolarsi con mia nonna Ermelina («L'è d'mei aver avu che aver da aver», ovvero: è meglio aver avuto che aver da avere), con il Colonnello Bernacca che faceva le previsioni del tempo prima del tg, con la pernacchia di Alvaro Vitali e con il «per mille scuri» di Zagor. In mezzo – mimetizzate fino a un certo punto – c'erano anche un paio di finte citazioni. Avevo anagrammato il mio cognome, firmandomi Giuleba o Bugiale: così, giusto per il gusto di infilarmi in mezzo a quella bella compagnia. L'ultima diceva: «I bisogni sono solo sogni raddoppiati?».

Sai che ancora non lo so...

Uno

Cognome e nome

Con la sponda di ghiaia
che alla prima alluvione va giù...
e un nome e cognome
che comunque resiste di più

Sono qui per l'amore

Anche *Nome e cognome*, l'album del 2005, avevo voglia di intitolarlo proprio come il primo. Per un attimo avevo pensato di chiamarlo *Luciano*, in quel caso. Oramai è una sorta di trappola in cui cado con una certa frequenza. Ogni volta che faccio un album, mi sembra che sia il più personale che abbia mai fatto. E quindi ogni volta mi sembra che, a maggior ragione, debba dire: okay, è giusto che sappiate che nel bene e nel male, che vi interessi o no, qui c'è tanto di me. Se metti il tuo nome come titolo, togli ogni dubbio in merito.

Ma tutto sommato quel meccanismo è abbastanza naturale, no? Ognuno di noi è il risultato di tutto quello che ha vissuto. Fra un'ora saremo già diversi – casomai anche impercettibilmente, ma lo saremo –: andranno aggiunte le esperienze che vivremo in quei sessanta minuti. Questa cosa vale, ovviamente, anche per chi scrive. Quando scrivi, esprimi il punto di vista che ti sei formato con tutte le esperienze fatte fino a quel momento. Traumi, gioie, dolori, amori, lutti, gratificazioni, malattie, piaceri, sogni, disillusioni, relazioni, amicizie, conflitti, libri, film, musica, arte, viaggi, competizioni, sconfitte, vittorie... Tutto contribuisce all'unicità di quel punto di vista in quel preciso momento. Ecco perché ogni cosa che realizza un artista, alla fine, è il suo autoritratto.

Uno dice: «ma come anche la Gioconda lo è?». Sì. È chiaro che non è un autoritratto fisico, ma dell'anima. Un'anima che in quel momento – con quello con cui si era formata – aveva l'esigenza di esprimere quel volto, con dietro quel paesaggio, con quel sorriso enigmatico, con quella scelta cromatica, in quelle dimensioni, con tutto quello che ne conseguiva.

«Cognome che hai nell'orecchio, evocativo di colori forti, rombo di moto, di naïveté, Ligabue è un passepartout persuasivo che sembra dichiarare subito le proprie intenzioni» (Nico Orengo, Prefazione a "Lettere d'amore nel frigo").

In realtà questa dell'autoritratto è una cosa che ho maturato nel tempo, e infatti all'epoca del primo album non avevo pensato di chiamarlo col mio cognome. Non avevo pensato a nessun titolo, a dir la verità, perché è successo tutto talmente all'improvviso, ed è stato realizzato così velocemente (tutto in venti giorni) che quasi non ne ho avuto il tempo. Ero talmente preso dalle registrazioni, dagli arrangiamenti, dai suoni, insomma a cercare di cavarmela in studio, che al titolo proprio non ci pensavo.

Per un attimo mi era sembrato possibile usare una frase di *Marlon Brando è sempre lui*, che era «non è obbligatorio essere eroi». Però il buon Carrara – il mio primo produttore e manager, pace all'anima sua – si oppose. Disse: no, no, tu hai un cognome che ha un impatto forte e resta impresso, quindi si usa quello. Così allo stesso tempo farà da titolo e farà circolare il tuo nome, che non ti conosce nessuno. Mi sembrò puro buon senso e accettai.

È un cognome che qui è diffusissimo. Quando usava ancora l'elenco telefonico, ricordo che un giorno mi ero messo lì a controllare e solo a Correggio c'erano una cinquantina di famiglie Ligabue. E fra nessuna di queste c'erano parenti miei. Addirittura c'erano altri due Ligabue Luciano. È un cognome che lascia intendere facilmente che le mie ascendenze non erano esattamente nobiliari. I miei avi erano probabilmente allevatori, contadini.

I primi tempi mi chiamavano «I Ligabue», perché erano convinti che fossi parte di un gruppo. Pensavano a un nome d'arte, magari ispirato al pittore. Spesso, poi, mi chiedevano se ero un suo parente (in realtà, il pittore si chiamava originariamente Laccabue solo che, siccome odiava il padre, decise di cambiarlo in Ligabue; se a questo aggiungiamo che non ha avuto eredi, si arriva al fatto che nessuno che faccia di cognome Ligabue può essere suo parente).

> *«A Ligabue infestato all'improvviso da nuvole violette / si fermava il sangue perciò / doveva con una pietra riaprirgli un varco nello zigomo / per rivivere è vero» (Cesare Zavattini, "Toni Ligabue").*

Lo sceneggiato degli anni Settanta è stato il mio modo di conoscere Toni Ligabue. Ne avevo sentito parlare, certo, ma conoscevo poco e male la sua storia, nonostante l'omonimia. Flavio Bucci fu bravissimo a impersonarlo. In qualche modo, veniva fuori come l'arte potesse facilmente abitare anche menti così disturbate e corpi così conciati dalle automutilazioni. Perché lui, per esempio, si macellava il naso dandosi dei colpi di pietra. Era il suo modo di scolpirlo finché non riusciva ad assomigliare a certi uccelli. Penso che fosse così tanto il dolore che portava dentro che riuscire a spostarlo sul corpo fosse una specie di sollievo. Io mi professo ignorante in materia di arti figurative – è un tipo d'interesse che non ho mai sviluppato – però i suoi quadri mi sono sempre arrivati forte.

L'intensità emotiva con cui viveva strabordava sulla tela. Ho visto un brevissimo filmato, fatto da non so chi, in cui lo si vedeva all'opera: impressionante. Era vestito da donna e teneva in mano questo pennello come fosse una sciabola. Lo faceva roteare nell'aria, urlava, bestemmiava. Poi si metteva ginocchioni, guardava il quadro. Poi si alzava, pucciava il pennello nel colore e dava dei colpi che sembravano apparentemente a caso. In realtà, ovviamente, non lo erano per niente. Sembrava violenta anche la manifestazione dell'arte, attraverso di lui. Come se fosse posseduto.

Adesso, senza fare paragoni sbagliati: se c'è qualcosa che ho sempre avuto bisogno di raccontare, perché è parte del mio modo di essere, è per l'appunto l'intensità. La ricerca dell'intensità nel vivere o anche il semplice rassegnarmi a quella delle mie emozioni. Io devo provare quel tipo di sensazione nella scrittura, a modo mio: nel mio modo di vivere le emozioni e nel mio modo anche di raccontarle o di raccontarne gli effetti.

E allora è facile arrivare già dove comincia il tutto. *Balliamo sul mondo*, la prima canzone del mio primo album, è una specie di iperbole che incarna un buon esempio.

Siamo della stessa pasta, bionda, non la bevo sai
Ce l'hai scritto che la vita non ti viene come vuoi
Ma è la tua e per me è speciale, se ti può bastare sai
Che se hai voglia di ballare uno pronto qui ce l'hai.

Un incontro episodico con una ragazza in un locale.

In un attimo la si vuole indovinare dentro a una vita che non è come lei la vorrebbe. Sempre in un attimo si immagina che abbia parecchio in comune con me. Almeno in quel momento. Nessuna promessa di futuro.

Non ti offro grandi cose però quelle lì le avrai
Niente case né futuro né certezze, forse guai
Ma se dall'Atlantide all'Everest non c'è posto per noi
Guido io in questo tango, ci facciamo posto, dai...
...Fred e Ginger sono su una supernova sopra noi...

Il sesso diventa immediatamente come un giocarsi il tutto per tutto.

Buttandosi lì. Andando a ballare sul mondo.

Due

Big Bang

Uno fa il batterista,
l'altro il chitarrista
tu basso, tastiere, io voce
gli idioti del playback fan

Sogni di rock'n'roll

Come fa un timido ad avere la sfacciataggine di salire su un palco a cantare dei fatti suoi?

Ad avere la presunzione di scrivere pensando che qualcuno debba stare ad ascoltarlo?

Non lo so. So che senza sfacciataggine e presunzione non sali su un palco e non scrivi.

In tanti che mi vedono sul palco poi si stupiscono per il fatto che nel quotidiano non ho la stessa esuberanza, ma – anzi – tendo a voler scomparire. È un po' come quelli che da un comico si aspettano che faccia battute a ripetizione anche quando lo incontrano per strada e casomai restano delusi se non lo trovano brillante.

Quello che so è che sono spinto da una sensazione di urgenza. È difficile da spiegare: è proprio come se fosse qualcosa che non riesci a tenere per te. Non vedi l'ora di raccontarla a qualcun altro, non vedi l'ora che venga messa in giro. E questo va al di là della gratificazione dell'ego, del fatto che poi se circola – se circola bene – la gente la trova utile, la ricanta e si emoziona, oppure ci trova dentro speranza. Certo c'è quell'aspetto, ma c'è anche una sorta di bisogno di decomprimere. Io ogni tanto mi ritrovo in questa specie di compressione e so che in quei casi scrivere è uno dei pochi modi per liberarsene.

Se circola e se circola bene, dicevo... ecco, in qualche modo ne parlo un po' in *Metti in circolo il tuo amore*. Una canzone che ha un arrangiamento soft (fingerpicking su una cassa moffa dall'inizio alla fine), come a invitare a fare ancora più attenzione al testo. Anche in questo caso non ci si può dimenticare della musica, del tono che impone, di un ritornello che non è un vero e proprio ritornello, melodicamente parlando.

Hai cercato di capire e non hai capito ancora
Se di capire si finisce mai.
Hai provato a far capire, con tutta la tua voce,
Anche solo un pezzo di quello che sei.

Siccome era nella colonna sonora di *Radiofreccia*, faceva chiaramente riferimento al fatto che il protagonista subiva due forme di dipendenza: l'eroina e l'amore non corrisposto.

Se analizzi quello che succede nelle strofe, ci trovi il racconto di un muoversi maldestramente fra gli altri, l'idea che ci facciamo degli altri e l'idea che pensiamo che gli altri si siano fatti di noi.

Quante vite non capisci e quindi non sopporti
Perché ti sembra non capiscan te...

...E ti sei opposto all'onda ed è lì che hai capito
Che più ti opponi e più ti tira giù
E ti senti ad una festa per cui non hai l'invito
Per cui gli inviti adesso falli tu.

In realtà, film o no, la canzone dice che mettere in circolo il proprio amore aiuta a risolverla quella dipendenza:

Metti in circolo il tuo amore come fai con una novità.
Metti in circolo il tuo amore come quando dici si vedrà.

«Amo la radio perché arriva dalla gente / entra nelle case / e ci parla direttamente / e se una radio è libera / ma libera veramente / mi piace ancor di più / perché libera la mente» (Eugenio Finardi, "La radio").

Parlando di *Radiofreccia*, mi viene in mente quanto con la scrittura – con la scrittura delle canzoni – io abbia fatto un percorso molto lungo, tanta palestra. Tutto comincia nel 1975, quando ho quindici anni e nascono le radio libere. I cantautori funzionano e producono al loro meglio, sono popolarissimi, in un momento magico. Mio padre all'epoca gestisce una balera. Un mix per me esplosivo: le radio libere che ci facevano conoscere musica fantastica, i cantautori con un linguaggio nuovo e vero rispetto alle canzoni sentite fino a lì e la balera di mio padre che funzionava anche come discoteca. Ero letteralmente accerchiato dalla musica, anche se non avessi voluto sentirla. Ma fortunatamente volevo.

Rispetto alle radio, la mia esperienza è andata più o meno come ho raccontato nel film. Un amico che faceva l'istituto tecnico un giorno ci presenta la sua radio. C'era un affare stretto in una morsa fissata a un tavolo che lui chiamava trasmettitore. C'erano dei cavi che partivano da quello e finivano all'antenna là in alto. C'erano due giradischi, uno suo e uno prestato da un amico, un microfono e un mixer largo poco più di una spanna. Quando ci fece vedere il tutto gli dicemmo: va beh, ciao eh...

Poi però lo sentimmo funzionare. La radio andava. A quel punto, chiunque passava di lì era invitato a trasmettere. Lo feci anch'io, come canto in *Siamo in onda*.

Se ne frega di serrande
Di finestre sempre chiuse
Di sistemi troppo grandi
Di destini già decisi
E finisce sotto letti
Dove si balla da un po'.
Sembra quello che non vince
Il suo istinto di guardone
Ha la faccia come il culo
Di chi si fa perdonare
Sembra il suono di una voce
Che parte proprio da te.
Siamo in onda: di' qualche cosa
Tieni l'onda, tienila accesa
Prendi l'onda
Finché ti passa di lì
Finché ti passa di lì.

Era una situazione assolutamente pionieristica. Una radio che, anche nella sua pochezza, riusciva a coprire un raggio di 30-40 chilometri, perché all'epoca l'etere era libero. Era comunque entusiasmante trovarsi davanti a un microfono. Magari di là c'era qualcuno che ti stava ascoltando... mah... Ricordo che parlavo velocissimamente fra un pezzo e l'altro perché avevo la sensazione, così, di coprire le magagne e la timidezza. Ero proprio negato, ma mi piaceva tanto e mi invitavano a continuare. Spesso si portavano i dischi da casa. Io portavo soprattutto rock progressivo: Genesis, Banco del mutuo soccorso, Jethro Tull, Van Der Graaf...

«– Beh, ma cos'è: la RAI? - See, la RAI: è una radio libera – Libera da cosa? – Buongiorno: hai presente l'FM? – Una roba di radio... – Bravo: una roba di radio con dentro le radio libere – Libere da cosa? – Libere» (Radiofreccia).

Ogni tanto fregavo qualche quarantacinque giri alla discoteca di mio padre. Il deejay olandese si incazzò più di una volta. La mia passione per Neil Young, per esempio, è nata proprio da un disco che rubai e che aveva *Only love can break your heart* sul lato A. Riuscivano a farla ballare come lento. Tra l'altro quella è una delle pochissime canzoni che ho fatto come cover dal vivo in tutti questi anni.

Poi capitò che a mio padre venne in mente di regalarmi una chitarra. Allora: ti ritrovi in quel contesto anche ad avere una chitarra in casa: cosa fai? Provi a cominciare a suonarla. Mi sono messo lì con un prontuario di accordi e mi sono reso conto che i cantautori che amavo così tanto scrivevano canzoni che non era poi così difficile suonare. Poi, certo, dipendeva da cantautore a cantautore, però in generale era possibile farlo. Imparai il fingerpicking con cui si suonava *L'avvelenata* di Guccini grazie a «Ciao 2001», un settimanale musicale sul cui retro di copertina c'erano le tablature. *L'avvelenata* era (ed è) una canzone tostissima. Impossibile non chiedersi come mai un cantautore, quindi uno che si pensava vivesse certi privilegi, provasse un'incazzatura così grande verso l'ambiente musicale e avesse così tanto bisogno di sfogarsi. Poi, una volta vissuta l'esperienza in maniera diretta, anch'io ho avuto quel bisogno e ho scritto, guarda caso, *Caro il mio Francesco.*

Con Guccini le affinità sono soprattutto su cose extraartistiche. Le radici, la non-frequentazione dell'ambiente, il dialetto. L'esperienza di *Radiofreccia* ci ha permesso di conoscerci meglio e da allora ogni tanto ci frequentiamo. Una notte, con il pretesto di scrivergli una lettera, ho fatto una mia *Avvelenata*, meno aggressiva comunque della sua. Ma, come la sua, con la funzione di permettere uno sfogo e buona lì.

Caro il mio Francesco questa lettera ti arriva
In un paese piccolo lì sugli Appennini
Ho capito forse come mai ci vivi
Che tanto ci si sente soli
Ci si sente soli per quello che si è visto
E poi per tutti quelli che han fatto così presto
A montare su per fare un po' il tuo viaggio
Giurando che per te davano un braccio
Parlavano di stile, di impegno e di valori
Ma non appena hai smesso di essere utile per loro
Eran già lontani, la lingua avvicinata a un altro culo...
...Il topo canta solo di quanto lui sia puro
E poi dà via la madre per stare sul giornale
Ed è talmente puro che ti lancia merda
Soltanto per un titolo più largo...

Poi, se si parla di canzoni suonate su una chitarra, era impossibile non passare per Battisti. Ho cominciato a essere suo fan da bambino e lo sono tuttora. Per me lui rappresenta un modello straordinario di canzone popolare di qualità, vale a dire quello a cui io da sempre aspiro. Lui da quel punto di vista resta ancora oggi un fenomeno da studiare. Ha fatto in Italia la stessa cosa che hanno fatto i Beatles, cioè farti sembrare facile quello che non lo era. Da un punto di vista armonico, poi, non ne parliamo. E intanto rompeva parecchie regole. Anche da un punto di vista degli arrangiamenti e della produzione, pure se alcuni pezzi adesso possono sembrare un po' strampalati, c'erano spesso delle invenzioni straordinarie. Anche per questo fatto – per essere stato un autore capace di preoccuparsi di ogni aspetto della canzone, compresi arrangiamenti e produzione – resta un modello di riferimento.

> *«Quando hai solo diciott'anni / quante cose che non sai / quando hai solo diciott'anni / forse invece sai già tutto / non dovresti crescer mai»* ("Lettera a G.").

Fatto sta che il gioco di cantare i pezzi dei cantautori piano piano – non ricordo bene, ma mi sembra sia capitato tipo un paio d'anni dopo – è diventato il gioco di scrivere. Però senza nessun genere di obiettivo: le mie canzoni non le facevo ascoltare a nessuno, giusto ogni tanto a un paio di amici per far vedere che lo sapevo fare anch'io. Ma la punizione che gli infliggevo nel fargliele ascoltare... Perché scrivevo canzoni che volevano essere la mia versione di quello che facevano i cantautori. Canzoni che partivano da un vezzo, ecco: non erano figlie di un'urgenza, erano figlie di un'emulazione, di un'imitazione, soprattutto (la cosa peggiore) di una posa. Comunque, se non altro, erano messe nella condizione di non nuocere e restavano fra me e me. Va beh, dai, ora che mi fanno tenerezza, ti recupero qualche strofa per dare un'idea.

> ANTICARNEVALE
> E Scaramouche sta offrendo la sua faccia
> Quella più chiara alle otto di mattino

Quella che non gli riesce sempre allegra
Quella che fa stupire più di un bambino.

Rocco e la nave
Rocco e non troppi anni dalla strada fino al porto
Chiuso da un cielo troppo poco aperto
Alito-fumo l'inverno non lo lascia proprio stare
Posa il suo morso dove lo può affondare.

Al poi ci penseremo poi
Un diecimila che galleggia sulla riva dell'asfalto
Io scommetto li ha lasciati chi le ha fatto una proposta vera
Le avrà detto senti fatti un po' più tenera e altrettanti ogni
[tanto incasserai
Quell'ingenuo non sapeva chi c'avesse il coltello giusto
E che i conti in cassa li faceva lei
Che ritoccando il culo alla sua bella logica pretendeva le
[dessero del voi.

Maria e il colore bianco
Quando verrà qui Maria e con sé il colore bianco
Molta meno carne ai fianchi e un profumo di poesia
Cerca un po' di ricordarle che la vita è ancora sua.

Gran gala
E adesso mio buon ciambellano
Riassumimi gli inviti per la festa
Il tuo bastone che sia ben ornato
Come sia ben alta sempre la testa
Risanati la voce che sia chiara
(Il ciambellano mio farà figura)
Non sia lasciato niente al caso
Per il gran gala di questa sera.

Poi, a circa metà degli anni Ottanta, succede che mi esce una canzone che invece non aveva più quelle caratteristiche. Si chiamava *Sogni di rock'n'roll*.

È stato una strana specie di big bang. All'epoca vivevo ancora con i miei. In garage ero riuscito a ricavare uno stanzino in cui tenevo un pianoforte e una chitarra e avevo provato a insonorizzarlo con i portauova, come facevamo con le radio. Eravamo in un condominio, quindi non potevo far casino più di tanto e soprattutto non potevo suonare fino a tardi. La devo avere scritta, quindi, una domenica pomeriggio, poche ore dopo il sabato sera di cui racconto. Francamente non riesco neanche a ricordare bene come mai sono passato da una scrittura pretenziosa a una che invece andasse, come dire... dritta al punto. Però andò così: nel raccontare quella situazione ho sentito nella canzone una verità diversa, una presenza di me stesso diversa.

Siamo qui, già le quattro e siamo qui
Finestrini socchiusi su strade indifese dai nostri pesanti hp
E così anche il sabato è andato così
Si è bevuto, ballato qualcuno ha imbarcato,
Il più scemo le ha prese e ha una faccia così
Ombre dure adatte all'ora, l'autoradio intanto va
Rhythm'n'blues e pestiamo coi piedi di più
Finché il polso cammina facciamo mattina tenendoci su.

«E a Correggio prende a nevicare mentre nottambuliamo pieni di alcool, la neve ci fa i capelli bianchi come vecchi, ma basta che li scrolliamo e siamo ancora ventenni e siamo belli» (Pier Vittorio Tondelli, "Altri libertini").

Ho raccontato molte volte dell'influenza di Tondelli. Lo dico per chi non lo avesse mai sentito: se vivi in un paese di ventimila abitanti e ci vive pure uno scrittore che racconta le stesse cose che hai sotto gli occhi – e che ti sembrano banali – rendendole vive, interessanti se non mitiche, può darsi che realizzi che sono proprio le cose che hai sotto gli occhi a dover essere raccontate.

Sono convinto che la lettura di Tondelli ha covato dentro di me fino a portarmi alla scrittura di *Sogni di rock'n'roll* e delle canzoni che son venute dopo. Era semplicemente lo sprone a usare la mia vera voce.

Tra l'altro, sempre inseguendo una certa essenzialità, mi sono ritrovato a scrivere quella canzone su una sequenza di accordi più semplice rispetto a quelle che usavo fino a quel momento. Ciò che avevo fatto fino allora era pretenzioso anche sotto l'aspetto musicale.

Non è che pensassi ci potesse essere chissà che cosa dietro a quel pezzo. Era la fotografia semplice di una situazione che lo era altrettanto. Poi, forse, il racconto sviluppava una specie di messa in scena che permetteva a chi l'ascoltava di agganciarsi a una situazione vissuta o comunque piuttosto comune. Però sono tutti pensieri fatti dopo che il pezzo ha cominciato a circolare. Semplicemente, quella canzone ha avuto il potere di aprirmi un mondo. Mi sono detto: allora sono queste le canzoni che devo scrivere. Invece di raccontare la mia idea di mondo elaborata attraverso chissà quali filtri pseudointellettuali, dovevo raccontare il mondo in cui vivo e come lo vivo. E farlo senza sconti: con la mia totale presenza e partecipazione.

Tre

C’è sempre un motivo

Si viene e si va
comunque fischiando
cantando il motivo
ci serve comunque un motivo

Si viene e si va

Io vengo dalla canzone e alla canzone torno costantemente.

Anzi, in realtà non l'abbandono mai, perché scrivo canzoni anche mentre scrivo altro. Quando lo faccio, parto sempre dalla musica. Tranne per *Leggero* e *Angelo della nebbia*, i testi li ho sempre scritti su una melodia preesistente.

Se qualcuno mi chiedesse di fare il chitarrista in una band che fa cover, non gli darei una grande soddisfazione, non sono uno da repertorio. È una cosa che ho fatto poco nella mia vita. E il motivo è che non appena prendo in mano una chitarra, invece di fare pezzi di altri, mi viene istintivo mettere insieme degli accordi e su quelli cercare di scrivere una melodia.

Quelle melodie me le appunto registrandole in un inglese ultramaccheronico, inventato. Dopo di che, a un certo punto, un giorno si affaccia un'immagine che potrà essere il ritornello o l'incipit del pezzo. È difficile anche per me capire come funziona, ma quell'immagine si va subito a sposare con una musica che casomai ho scritto parecchio tempo prima. Fatto sta che il testo, in genere, ha una risonanza con quella prima bozza che è l'idea musicale. E cerca di legarsi all'umore che la musica richiamava.

Per me scrivere canzoni è un processo frequente. Scrivo senza pensare a dove arriverà quella canzone, e infatti l'80 o 90% delle cose che scrivo non vedono mai la luce. Per fortuna di tutti.

A volte è l'ambiente a influenzare la scrittura. Avevo fatto rivestire una stanza totalmente di moquette rossa. Non so se fu per le vibrazioni di quel colore, ma lì dentro ci ho scritto tutto *Buon compleanno, Elvis!*. Poi la feci diventare verde e ci scrissi *Fuori come va?*.

> *«Scrivo fino a quando arrivo a un punto in cui ho ancora qualcosa che preme per uscire e passare sul foglio, e so che cosa deve succedere, allora mi fermo... Quando mi fermo mi sento svuotato, ma allo stesso tempo anche carico, come quando ho fatto l'amore con qualcuno che amo» (Ernest Hemingway, Intervista alla "Paris Review").*

A seguire *Sogni di rock'n'roll* vennero altri pezzi che si occupavano del contesto e della fauna attorno a me. E allora *Bar Mario*...

> Il buio arriva ma non è troppo spietato
> C'è qualche stella, è come un disegno spezzato
> Qualche lampione, piccolo lume isolato e freddo e perduto
> Le strade vuote, non c'è neanche il classico cane,
> Ha vinto ancora Signora Televisione
> Signora o troia? Agita il culo sembra con intenzione

...oppure *Freddo cane in questa palude...*

Freddo cane in questa palude
I miei amici fanno scherzi idioti sai
Loro spengono la sera e si nascondono nei fossi
Per vedere come me la caverei

...o ancora *Angelo della nebbia...*

Scelti da chissà che mano per essere buttati in mezzo alla nebbia
Con chi alla nebbia s'è già rassegnato ed ha spalle curve e
[vestiti umidi.

Ecco: *Angelo della nebbia* comincia così, con l'ambizione – o la presunzione? – di raccontare un posto, i suoi abitanti e un interrogativo spirituale in due sole righe di testo. Nel resto del testo esce ancora quel bisogno di intensità, di colori vividi, forti. Come se si faticasse a farsi bastare quello che c'è.

Anche qui, mi ripeto, non si può non considerare la parte musicale. Per esempio, il tempo: è in tre, come in diverse altre mie canzoni. Come in *Ho messo via*, come in *Certe notti* e in *Ti sento*. È il tempo con cui si fanno i valzer, per dire, ma anche quello di tanta musica folk, quella irlandese in testa. Soprattutto, però, suggerisce quella specie di dondolìo. Di braccia, di testa, di tronco, di fianchi. Favorisce quella dolciastra sensazione malinconica.

A proposito di malinconia, ho letto che sembra che ogni artista abbia una predisposizione malinconica. Non so se è vero in generale, ma so che è vero per me e credo che sia uno sfondo frequente nella mia scrittura. Quando addirittura non passa in primo piano, non diventa proprio protagonista. Mi viene in mente *Sarà un bel souvenir*:

Ma ci sarà un souvenir
Che ci riporterà solo certi momenti
E sarà un bel souvenir,
Una fotografia, una canzone fra i denti
Ma ci sarà un souvenir
Che ci commuoverà fino a farci contenti

...o anche *Eri bellissima*:

Ma adesso dimmi
Com'è andata?
Com'è stato il viaggio di una vita lì con te?
Io spero solo tutto bene
Tutto come progettavate voi da piccole
Stai bene lì con te?

...oppure *Ho ancora la forza*:

Ho ancora la forza e guarda che ne serve
Per rendere leggero il peso dei ricordi
E far la conta degli amici andati e dire:
Ci vediam più tardi, più tardi... più tardi.

«La notte seguitava ad andar avanti, non c'era niente che potessi fare» (Charles Bukowski, "Storie di ordinaria follia").

Per il testo parto spesso dal ritornello. O, per meglio dire, dal nucleo della canzone, da quello che è il nocciolo duro. Se non è il ritornello, è la frase che apre la canzone e che probabilmente si ripeterà più volte durante la canzone. È una tecnica che mi piace e che uso spesso. In *Certe notti*, per esempio.

Certe notti la macchina è calda
E dove ti porta lo decide lei.
Certe notti la strada non conta

Che quello che conta è sentire che vai.
Certe notti la radio che passa Neil Young
Sembra avere capito chi sei.
Certe notti somigliano a un vizio
Che tu non vuoi smettere, smettere mai.

Parlando di musica, devo dire che ci ho un po' giocato nello scrivere quella canzone. In diverse recensioni – in quelle che uscivano all'inizio, specialmente – si diceva: sì, Ligabue è bravo, però usa sempre quei tre accordi. Fosse stato per me, lo si poteva leggere come un complimento, perché era come dire: okay, è della scuola del blues, del r'n'r, degli Stones. Invece, evidentemente, un complimento non era. Allora mi sono detto: va beh, se vogliono gli accordi glieli do, nella prossima canzone ci metto dentro tutti quelli che ci stanno nella tonalità che sceglierò.

Il pezzo era, appunto, *Certe notti*, la tonalità in Mi maggiore e gli accordi tutti quelli possibili in quella tonalità tranne il Re diminuita, perché proprio non mi piaceva e ho messo al suo posto un Re naturale. Chi dovesse suonarlo, quel pezzo, si accorgerebbe di quanto tutti quegli accordi "rifrullino". Ebbene, la prima cosa che lessi, una volta uscito il pezzo, fu: Ligabue fa centro ancora una volta con i soliti due accordi.

Parlando di cose più serie, rispetto alla musica di quel pezzo, va detto che tante volte le canzoni in minore (quindi con una sensazione di tristezza o dark) risolvono il ritornello in maggiore (positività, solarità...) per avere una "apertura" più forte. Ecco, in *Certe notti* feci proprio il contrario: le strofe in maggiore e il ritornello in minore. Così che il ritornello avesse la malinconia necessaria. Chissà perché, comunque, "apriva" ugualmente.

«Canzoni che sanno chi sei / molto meglio di te: / gli accordi migliori rimangono sempre / quei tre» ("In pieno rock'n'roll").

Può capitare che un testo ti sfugga un po' dalle mani perché caricato eccessivamente dal sentimento da cui nasce? Certo. Il primo esempio che mi viene in mente è *Una vita da mediano*.

Una vita da mediano, da uno che si brucia presto,
Perché quando hai dato troppo devi andare e fare posto.
Una vita da mediano lavorando come Oriali
Anni di fatiche e botte e vinci casomai i mondiali.

Quando ripenso a quelle parole, e a quella canzone in generale, mi viene subito in mente il contesto da cui è nata: il post *Buon compleanno, Elvis!*.

Quell'album aveva cambiato molte cose. Ma soprattutto: se raggiungi il successo e capisci che non ti risolve il problema della felicità, come ti hanno raccontato per tutta la vita, una crisi la vivi per forza. E così, invece di *Buon compleanno, Elvis! 2: la vendetta*, come ci si aspettava da me, ecco *Miss Mondo*, un album malinconico con suoni e contenuti completamente diversi rispetto all'album precedente.

In un momento in cui non palleggiavo bene con quella situazione, mi sono trovato a dire: scusate, è vero, ho tanto successo, però almeno mi faccio il culo; sappiate che mi impegno, sgobbo in mezzo al campo. Eccola lì, la vita da mediano: frutto di un eccesso di senso di colpa verso il successo.

Una vita da mediano, con dei compiti precisi,
A coprire certe zone, a giocare generosi...
Lì,
Sempre lì
Lì nel mezzo
Finché ce n'hai stai lì.

E la musica? Beh, per esempio ci sono gli archi registrati ad Abbey Road, a cercare di rendere epico quel concetto. Evidentemente, anche se un po' fuori tono, in quel testo mi ci rispecchiavo.

«Dicono che le tue amicizie con Nixon e la CIA e la parte finale della tua carriera sono quantomeno imbarazzanti e chi ti difende dice che non possiamo sapere niente delle pressioni che si subiscono a quei livelli; anche e soprattutto da chi ti sta attorno» ("Lettera a Elvis").

Quando riesci a realizzare qualcuno dei tuoi sogni, provi una doppia sensazione: subito l'esaltazione per quello che stai vivendo e poi la rassegnazione per il fatto che quel sogno, essendo diventato realtà, non ce l'hai più. Hai inseguito la tua chimera, l'hai raggiunta: fantastico. Ma cosa viene dopo? C'erano già alcuni semi dell'argomento in *Buon compleanno, Elvis!*, e poi una sorta di ponte con *Tra palco e realtà*. Dopo, le cose sono evidentemente peggiorate e ho avuto bisogno di fare *Miss Mondo.*

Quella crisi, dunque, ho provato a sfogarla con un album. Mettendola un po' in piazza, certo, ma anche sperando – con quel racconto – di essere utile a qualcun altro. Volevo semplicemente dire che nella mia esperienza – ma ancora di più in quella di tante vittime "vere" del rock – risultava che il successo può essere un amplificatore più che un solutore di problemi.

In *Miss Mondo* il tema dello spiazzamento da successo (isolamento, disillusione, senso di colpa ecc.) è affrontato, oltre che in *Una vita da mediano*, anche in *Uno dei tanti...*

È stato un piacere
Parlare comunque per me

E di là qualcuno c'era
E di là qualcuno c'è?

...in *Sulla mia strada*...

C'è chi mi vuole come vuole
Un po' più santo, più criminale
Un po' più nuovo, un po' più uguale
Mi vuole come vuole

...in *Si viene e si va*...

Si viene e si va
Cercandoci un senso
Che poi alla fine il senso è tutto qua

...e, in maniera più indiretta, in *Miss Mondo '99*...

Guarda meglio sono qua
Con tutto quello che vuol dire
Sono pronto per metà
E per metà starò a sentire
E poi non cambio mai
Mi cambio tutti i giorni.

Insomma, con un po' d'azzardo lo si potrebbe definire un concept album.

Quattro

Il lavoro d'esser leggeri

Certe vite passano
leggere come le canzoni
che dietro le canzoni vanno

Non dovete badare al cantante

Le canzoni hanno un modo meraviglioso, misterioso e a volte bastardo di catturarti.

Ognuno di noi è incocciato in qualcuna – o in tante – nella sua vita, in maniera apparentemente casuale. Solo che probabilmente così casuale non è. Ci sono motivi buoni per cui a un certo punto si entra in contatto con una canzone. Roba che probabilmente ha a che fare con il lavoro che abbiamo attivato – per cui uno è più sensibile a un determinato argomento – oppure a fatti della vita appena capitati.

«Son quello che ti tiene su lo specchio / ma quello che ci vedi è / sempre solo quello che decidi» ("Uno dei tanti").

Spesso mi chiedono quanto senta la responsabilità di quello che dico rispetto a chi mi segue. Ecco: posso reggere lo specchio, quello sì. Perché di certo non posso essere responsabile di ciò che ognuno in quello specchio ci vede. Posso solo continuare a parlare della mia esperienza personale. Non so quante volte ho sentito il bisogno di puntualizzarlo. Anche questo mi piace pensare che possa rientrare nel patto che ho con chi mi segue. E la musica di *Uno dei tanti* doveva dare la sensazione di essere circolare, che potesse durare per sempre, senza un inizio e una fine.

Spesso fra chi mi segue c'è chi vorrebbe da me una specie di mappa grazie alla quale orientarsi nella vita, ma anche su questo ho voluto essere chiaro in più di una canzone. Come in quella che s'intitola *Almeno credo*:

Qua nessuno c'ha il libretto d'istruzioni
credo che ognuno
si faccia il giro
come viene,
a suo modo
qua non c'è mai stato
solo un mondo solo
credo a quel tale
che dice in giro
che l'amore porta amore.

La distanza *Tra palco e realtà* vale per chi guarda dal palco, ma anche per chi guarda il palco da sotto o da lontano.

Abbiamo facce che non conosciamo,
Ce le mettete voi in faccia pian piano,
E abbiamo fame di quella fame
che il vostro urlo ci regalerà.

Mi piace il fatto che quel testo, che vuole raccontare di questo spaesamento, mi sia venuto su una struttura musicale allegrissima. Parla di un disagio mentre cerca di farti ballare. E infatti la canzone, dal vivo, ha sempre avuto una risposta impressionante. Racconta di alcune difficoltà che possono nascere col pubblico, mentre il pubblico è là che intanto salta a tempo.

Per questo è una di quelle canzoni che, secondo me, più mi hanno fatto arrivare a stringere un patto con chi avevo davanti. Perché sentirmi così diretto nel raccontargli questo disagio, questo problema dell'identità che dipendeva anche da loro – anche se involontariamente – credo sia stato preso come un atto di onestà: un gesto di sincerità che ci ha permesso di avvicinarci ancora di più. Quindi anche di stringerci la mano con più facilità. Io ho avvertito sempre di più, negli anni, che chi mi segue lo fa soprattutto perché si fida. E in questo fidarsi c'entra, credo, anche il mio scrivere sui rispettivi ruoli, sulle costruzioni mentali che questi ruoli via via producevano nell'uno e nell'altro.

Comunque che pesantezza, a volte, cercare di raggiungere la leggerezza...

> *«Ci sono tanti auguri che uno può avere voglia di fare, specialmente quando è in un momento di buona, come io adesso... però se li dovessi sintetizzare in uno solo, e mi sembra un augurio che posso farvi di cuore, è quello per ognuno di voi di essere come il centro del ritornello di questa canzone» (San Siro 1997, prima di cantare "Leggero").*

Eravamo in studio per *Buon compleanno, Elvis!* e l'avevamo quasi finito, tutta la parte legata alla registrazione era chiusa, stavamo mixando. Di colpo mi esce questa sorta di riassunto del disco: *Leggero.* Una specie di montaggio random di alcune immagini che popolavano le canzoni dell'album. Quasi a fissarle meglio. Eravamo già messi male con la data di consegna del disco, ma il fatto che quel pezzo fosse interamente – tranne il finale – su una chitarra acustica ci permise di realizzarlo. Quello e, certo, il fatto che io quella canzone nell'album ce la volevo comunque.

Quella raccolta di immagini, poi, confluiva in un ritornello che allo stesso tempo era una condizione che evidentemente avevo raggiunto in quei giorni e una sorta di promemoria per me stesso, per i tempi a venire.

Leggero, nel vestito migliore,
Senza andata né ritorno, senza destinazione.
Leggero, nel vestito migliore,
Nella testa un po' di sole, ed in bocca una canzone.

Condizione esistenziale, certo, ma anche necessaria per le canzoni.

«È l'ennesimo giro del faro / il lavoro d'esser leggero» ("Lettere d'amore nel frigo").

La chiamano musica leggera e quella definizione a me è sempre piaciuta. Io sono felice e spaventato, come chiunque fa canzoni, di sapere che in realtà non ci sono regole per far la canzone giusta. Nessuno ce le ha, perché altrimenti ogni canzone sarebbe un successo. Però quando hai fra le mani questa cosa, quando senti che fra le parole e la musica si sta creando quella giusta tensione... allora davvero la sua leggerezza, la sua impalpabilità, la sua inafferrabilità si trasformano in una specie di miracolo avvenuto.

Ma se restiamo sulla leggerezza avremmo tantissimo da parlare. Ti faccio un esempio: *Il giorno di dolore che uno ha.*

È una delle canzoni più importanti fra quelle che ho scritto: quella che forse, fra le mie, più ha aiutato chi attraversava un momento difficile nella propria vita. Nel testo non c'è niente di leggero. Il dolore che devi affrontare da solo. La forza che ti serve per andare avanti. La rabbia perché è toccato proprio a te.

Quando tutte le parole sai che non ti servon più
Quando sudi il tuo coraggio per non startene laggiù
Quando tiri in mezzo Dio o il destino o chissà che
Che nessuno te lo spiega perché sia successo a te
Quando tira un po' di vento che ci si rialza un po'
Che la vita è un po' più forte del tuo dirle «grazie, no»
Quando sembra tutto fermo, la tua ruota girerà
Sopra il giorno di dolore che uno ha.

Poi, però, arriva il ritornello che ti invita a canticchiare quel *tururu tururu turururuiru*. Eccola, la leggerezza musicale, che arriva a lenire, che sa di vita – perché fischiare e cantare sanno di vitalità – e rende ancora più nette, per contrasto, ma più sopportabili le parole pesanti del testo.

Con la musica leggera tu puoi affrontare per l'appunto anche le parti più dolorose di te stesso, specchiandoti in una canzone e canticchiandola. E questo tipo di leggerezza è una sorta di benedizione. Quando la raggiungi nelle canzoni, e quando riesci a trasmetterla a qualcuno, è veramente una delle cose più potenti che ci siano.

«Spero innanzitutto d'aver dimostrato che esiste una leggerezza della pensosità, così come tutti sappiamo che esiste una leggerezza della frivolezza; anzi, la leggerezza pensosa può far apparire la frivolezza come pesante e opaca» (Italo Calvino, "Lezioni americane").

Qualcosa di simile succede anche in *Niente paura*, altra canzone che in tanti mi dicono abbia trasmesso coraggio e speranza in un momento delicato.

A parte che gli anni passano
Per non ripassare più
E il cielo promette di tutto

Ma resta nascosto lì dietro il suo blu...
...A parte che ho ancora il vomito
Per quello che riescono a dire
Non so se son peggio le balle
Oppure le facce che riescono a fare.

Il ritornello, a quel punto, sembra un mantra, come se la ripetizione di quella frase fosse più necessaria che mai:

Niente paura.
Niente paura.
Niente paura, ci pensa la vita, mi han detto così.

Ma anche lì c'è leggerezza, musicale, portata in questo caso da un controcanto fatto con il pianoforte.

Poi credo che quel «mi han detto così» renda un po' più fragile, più umana, forse più vera la nettezza di quell'affermazione.

«Ciao liga spero tu legga questo messaggio importante... lunedì abbiamo fatto il funerale di mio fratello che è morto giovedì sera in un incidente stradale a soli 20 anni... ho fatto cantare una tua canzone al funerale...: "il mio pensiero"... volevo solo fartelo sapere perché per me è importante...» (post nel sito Bar Mario).

Ho sempre fatto il possibile per tenere un contatto con chi mi segue. Nei primi anni Novanta tentai addirittura col Minitel: oggi pochi si ricordano cos'era. Per noi era un modo per cercare di interfacciarci con i fan. Si decise di provarlo, ma in realtà il mezzo aveva molti limiti. Funzionava attraverso la rete telefonica, c'era una tastierina su cui si scriveva con difficoltà. E poi alla fine diventava un colloquio fra me e un fan per volta: era quasi ingestibile. Però ci abbiamo provato.

Oggi, per fortuna, con la tecnologia si può fare ben altro. Grazie a Internet, oggi il Bar Mario è un posto in cui la gente che si iscrive decide di far parte di una comunità, ma soprattutto di frequentarsi. Ne sono nate tantissime amicizie – addirittura matrimoni – spesso fra gente che abita in posti distantissimi uno dall'altro. Mi raccontano in molti di quanto queste amicizie siano importanti. È proprio quello che speravamo all'inizio: che il pretesto di seguire un cantante potesse creare relazioni fra le persone.

La maggior parte delle cose che mi arrivano hanno a che fare con la gratitudine. Quasi in ogni scritto i miei fan si sentono in dovere – o nel piacere – di ringraziarmi. E quasi sempre perché l'energia che gli arriva da un concerto, o dalle canzoni, li aiuta in momenti della loro vita difficili o duri o aspri; o anche semplicemente perché quella cosa lì li fa star bene e basta. Oppure perché grazie a me hanno conosciuto qualcuno che è diventato importante nelle loro vite. Non posso che esserne felice, perché so che esprimere un «grazie» fa bene sia a chi lo riceve che a chi lo dice.

«Sono qui per l'amore / per difendere quello che so / ... / Con tutto il sangue andato a male / e poi di colpo questo andarsi bene / un solo sole che forse basterà» ("Sono qui per l'amore").

Il raduno del fan club, come immaginerai, è sempre stato uno dei modi più naturali per mantenere quel contatto. Nel tempo è diventato una ricorrenza sempre più difficile da mantenere, perché un conto è organizzare una festa per mille persone, come nei primi tempi, un conto è farlo per diecimila. Inoltre, è chiaro che quel senso di intimità è difficile da riproporre. Posti più grandi, tante persone da accontentare, c'è ovviamente un po' di dispersione. Poi bisogna ricordare che il mio staff non è un'agenzia di spettacoli e quindi mettere in piedi giornate del genere è sempre di più un'impresa.

Quest'anno però siamo riusciti a organizzarlo. L'abbiamo fatto in giugno. Il tema era la ricorrenza del ventennale del mio album più controverso: *Sopravvissuti e sopravviventi*. Album che quando uscì non andò bene e fu guardato con una certa sufficienza dalla critica. Poi negli anni si è guadagnato una certa rivalutazione (anche critica), fino a diventare il disco preferito (fra i miei) di parecchi fan. Ho deciso di suonarlo integralmente, in questo raduno, con la band con cui l'avevo fatto – i ClanDestino – e nell'ordine esatto dell'album.

> *«Un quarto alle dieci / e Veleno è seduto da Mario / davanti a una grappa / e a un posacicche pieno» ("I duri hanno due cuori").*

Se dovessimo soffermarci sull'aspetto musicale, ci sarebbe molto da dire in materia di arrangiamenti, produzione e suono. Perché *Sopravvissuti e sopravviventi* è sicuramente uno dei più vari e azzardati, sotto questo punto di vista, fra i miei dischi; ma rischierebbe di essere roba lunga e noiosa. Però sulle canzoni mi ci sono soffermato proprio nel preparare quel raduno ed ecco cosa mi è tornato a galla.

Ancora in piedi

Fu il primo singolo di quell'album. Veniva dopo le canzoni più solari o quanto meno più dirette dei miei due dischi precedenti. Spiazzò. Rock vagamente blues. Sembrava cupo. Il video lo era.

Sopravvissuti a troppi sorrisi
Avuti troppe volte senza un perché
Sopravvissuti alle nostre domande
Che son grosse, son tante [e spesso ridicole
Sopravvissuti e sopravviventi così e adesso e qui
Sopravvissuti ai nostri progetti:
Acqua, sabbia, paletta e castelli così.

Sembrava trasferire un senso di arroccamento. Siamo sotto assedio? E chi è da questa parte?

Persi o no siamo ancora in piedi.
Non so chi ma qualcuno si sentirà così
Persi o no siamo ancora in piedi
Siamo ancora che? Siamo ancora chi?
Siamo ancora chi? Siamo ancora che ne so.

A.A.A. Qualcuno cercasi

In un album che passa per tetro, in realtà c'erano diversi episodi "scanzonati". Il secondo pezzo rientra già fra quelli. Rock aperto.

Forse è uno buttato via, forse è uno Zorro, forse una spia
Forse è il poeta che non ha scritto niente
Forse è uno comunque sia
Basta che respiri e che non se ne vada via
Forse è quello che è come un incidente.

Non sappiamo chi sarà la prossima persona con cui ci metteremo e forse si nasconde nei panni più imprevedibili, ma...

C'è qualcuno anche per te
C'è qualcuno anche per te in questo vecchio girotondo
C'è qualcuno anche per te e forse è perso per il mondo.

Ho messo via

La canzone più popolare dell'album comincia su un accompagnamento sognante al piano e racconta della fatica del crescere.

> Ho messo via un po' di rumore, dicono: così si fa
> Nel comodino c'ho una mina e tonsille da seimila watt
> Ho messo via i rimpiattini, dicono non ho l'età
> Se si voltano un momento io ci rigioco perché a me va.

Il bellissimo assolo di tromba è suonato da Demo Morselli, quello del Maurizio Costanzo Show.

Dove fermano i treni

Su un impianto musicale quasi metal, il racconto della fauna che popolava la stazione che più ho frequentato: quella di Belluno durante il servizio di leva.

> La cameriera del bar che ogni tanto ammira
> Un panorama di Cuba su una cartolina
> Poi asciuga il bicchiere ed il naso e sospira
> Un juke-box rovinato, buono da buttare
> Suona sempre una vecchia canzone d'amore
> Per un tipo con tanta moneta e qualcosa da ricordare
> Poi c'è quella che prima chiede se hai da fumare
> Poi ti chiede se hai voglia di fare l'amore
> Ed infine ti prega di darle qualcosa: sta male.

I duri hanno due cuori

Nel tempo, la canzone più votata dai fan quando devono scegliere le canzoni da ascoltare al raduno. Una storia di tradimento e di accettazione del tradimento con risvolti (per un attimo) noir. Il protagonista è un certo Veleno. Rock aperto anche in questo caso, ma con la curiosità di diverse parti di recitativo.

C'è chi ha scelto la donna sbagliata
E forse ha scelto per tutta la vita
Altra scelta che ha è a chi farla finita
C'è chi ha scritto bestemmie sul cuore
Però i conti per sé li sa fare
E il totale non cambia anche se fa star male
Però non piange mai se non è davvero solo
I duri hanno due cuori col cuore buono amano un po' di più
I duri hanno due cuori col cuore guasto odiano sempre un po'
[di più.

LA BALLERINA DEL CARILLON

La stessa notte per tre loser differenti: un professore, una spogliarellista e un pianista. Un arrangiamento molto delicato, insolito ed etereo, per una musica un po' dolente.

Il night che chiude alle tre manda a nanna il professore
Donne con lui non ce n'è, è fatto così non vuol pagare ma
È un compleanno su cui passare
Brinda al suo pendolo e al suo din-don.

LO ZOO È QUI

Un riffettone blues sulla chitarra per un altro rock-blues in cui si gioca sull'affinità uomo-specie animale.

Cavallo da corsa, cavallo da soma
Cavallo non ancora catturato
Lupo da branco, lupo da solo
Lupo tanti agnelli e niente denti, che peccato...

Piccola città eterna

Su una struttura pop-rock piuttosto leggera, una galleria di personaggi che sembrano sbattersene di come in paese si parla di loro.

Regina ha quattro amanti e due o tremila nomi
E neanche un uomo che la porti fuori un po'
Ma intanto tiene il letto pronto e il frigo pieno
E ride in faccia alle comari che mugugnano
Ramengo con la luna piena va sui tetti
Dice che è per sentirsi più vicino a Dio
Balla su case di prudenza e conti fatti
Chissà perché la sua canzone sembra un miagolio.

Walter il mago

Un'altra delle più amate fra le canzoni di quest'album. Su un vecchio piano, con tanto di cigolìo dei pedali di espressione, la storia di un ex prestigiatore che si ostina a esibirsi nel bar che frequenta.

Con una giacca sbagliata
Walter il mago si presenterà di nuovo qua
Con un cilindro truccato
Ed un coniglio vecchio quasi come il trucco che fa.
Ed il suo abra cadabra cadabra abra
Si fa chiamare zingaro ma è uno zingaro di lusso e lo sa.

Gli amici-avventori gli sono complici perché:

Ci fingeremo stupiti che non ci costa niente farlo sentire una star.

Pane al pane

Rock cupo, acido, sporco per un pezzo che parla di gesti che riducono le parole al minimo. Proprio come questa canzone.

E lo sputo saltò e la faccia trovò
Pane al pane
E la faccia bucata sembrò per un po' da buttare
E poi l'occhio parlò disse troppo però
Bene o male
Parlò pure nascosto nell'occhio d'un ottimo attore.

Quando tocca a te

Forse il pezzo più apprezzato al raduno. Perché dal vivo non l'avevamo quasi mai fatta, in vent'anni. Un tempo da marcetta che conclude con l'intervento della Banda di Correggio per una canzone che invita a prendersi le proprie responsabilità.

Per ogni giorno caduto dal cielo e capitato bene o male a terra
Con la tua guerra che non c'è chi perde né però chi vince
Per ogni amore sbagliato d'un pelo, oppure perso giocandolo
[a morra
O atteso in coda col tuo numerino e sei il solo a non spingere...
...C'è chi sceglie e chi fa scegliere
E c'è chi non lo sa. Io so solo che, io so solo che
Quando tocca a te, quando tocca a te
Quando tocca a te tocca a te.

Mi sono anche divertito, in chiusura di album, a mettere quella che per me era la colonna sonora del disco: *Sopravvissuti e sopravviventi: tema.*

Cinque

Pubblico e privato

C'è una linea sottile
fra star fermi e subire
cosa pensi di fare?
da che parte vuoi stare?

La linea sottile

In Italia c'è sempre questo bisogno di dire se una canzone è impegnata oppure no.

È un concetto che a me sembra davvero vecchio. Io, per quanto mi riguarda, sono impegnato a cercare di scrivere belle canzoni. Sono impegnato a scrivere canzoni che facciano stare bene, oppure facciano stare male chi trova modo di confrontarsi con sé stesso: comunque canzoni che tentano di essere utili. Questa è una forma di impegno che io trovo altissima. Dopo di che, siccome io – come chiunque – sono il risultato anche delle mie convinzioni, è ovvio che nelle mie canzoni ci finiscano pure quelle, anche se casomai in forma indiretta. Certo è che non mi è mai interessato, né mi interessa, scrivere una canzone ideologica.

«Son stati giorni di tempesta e vento / ed era pronto solo chi era pronto / ma adesso sai a cosa vai incontro /

chi non è morto è già più forte / L'impatto con il mondo è sempre duro / per chi lo vede come un posto scuro / vorrei poterti essere utile davvero / poterti dire che sei al sicuro» ("Quando canterai la tua canzone").

Io sono sicuro dell'amore che provo verso questo paese e sono sicuro anche della sofferenza che questo amore mi comporta. Perché tanto amo questo paese quanto lo vedo nelle condizioni in cui versa: la sua incapacità di essere moderno, di funzionare, di liberarsi di tanti e antichi retaggi: delle vecchie trame, dell'occupazione di tutti i centri di potere.

Buonanotte all'Italia con gli sfregi nel cuore
E le flebo attaccate da chi ha tutto il potere
E la guarda distratto come fosse una moglie,
Come un gioco in soffitta che gli ha tolto le voglie...
...Di carezza in carezza
Di certezza in stupore
Tutta questa bellezza senza navigatore.

Qualche mese fa è stato strano sentire Enrico Letta che nel suo discorso d'insediamento alla Camera definiva l'Italia proprio come io avevo fatto nella mia canzone: «tutta questa bellezza senza navigatore». In effetti continuiamo a vivere lo strazio di essere attorniati da così tanta bellezza e di essere sempre meno capaci di conservarla e forse di meritarla. Incapaci persino di sfruttarla: Berlino, per dire, quest'anno ha avuto il triplo dei turisti di Roma. E Berlino è una città ricostruita, quindi una città che ha poco più di cinquant'anni di vita.

Da parecchio tempo questa bellezza è senza navigatore, senza quello che tiene il timone: senza nocchiero, come si direbbe in letteratura. Poi certo, siccome la canzone parla dei nostri tempi, per navigatore si può intendere anche quello della macchina.

> *«L'Italia è una Repubblica democratica fondata sul lavoro. Democrazia e lavoro. Ma che cos'è il lavoro in quell'articolo? È il contrario del privilegio, in primo luogo. Il lavoro vuol dire questo: che ciascuno deve essere messo in condizione di costruire liberamente la propria vita, senza privilegi» (Stefano Rodotà, in "Niente paura", regia di Piergiorgio Gay).*

Quando suonavamo *Buonanotte all'Italia*, durante l'ultimo tour, facevamo girare sullo schermo delle foto di gente che ha rappresentato l'essere italiani e la bellezza che gli italiani hanno saputo produrre, senza per forza essere solo Fellini. C'era Fellini, certo, ma c'erano anche Franco e Ciccio, per dire.

Sempre nello stesso tour, durante *Non è tempo per noi*, mandavamo sugli schermi i dodici principi fondamentali della Costituzione. Scorrevano, semplicemente, ricordando a chi era lì quali fossero i diritti e doveri dello Stato nei loro confronti. È risultata una cosa potentissima.

Nel film *Niente paura*, il regista ha preso spunto anche da questo. Piergiorgio venne a vedere un nostro spettacolo ed è partito un po' da lì, credo, il suo bisogno di fare un film come quello che ha fatto. Un film in cui, tenendo come traccia gli articoli della prima parte della Costituzione, mescola mie canzoni e miei pensieri a spezzoni d'archivio della nostra storia recente e alle testimonianze di tanti personaggi diversi: da don Ciotti a Margherita Hack, da Carlo Verdone a Stefano Rodotà, dall'oncologo Umberto Veronesi fino a Javier Zanetti.

«Peccato che morendo il Pci non seppe comunicare a sé stesso e agli altri che la sua esperienza aveva molto più a che vedere con l'Emilia Romagna che con l'Unione Sovietica» (Nanni Moretti, Piazza San Giovanni, 13 settembre 2002).

Se è vero che gli anni dell'adolescenza sono cruciali nella formazione di ognuno, allora io che la mia l'ho vissuta nella seconda metà degli anni Settanta devo mettere in conto che assieme al periodo musicale di cui ho già parlato (nascita delle radio libere ecc.) e ai fatti personali, va considerato anche quel particolare periodo politico. Un periodo che coincide con gli anni di piombo, purtroppo. Ma anche un periodo in cui chi viveva qui a Reggio – dove scuole, ospedali e servizi funzionavano – poteva pensare che veramente la politica avrebbe potuto rendere il mondo migliore e più equo e che si poteva provare a farlo con praticità e anche in allegria. Era un'allegria che dipendeva da un senso di fiducia nel fatto che il mondo davvero potesse prendere quella piega. Che sapesse prendersi cura degli ultimi, stando agli antipodi del modello Unione Sovietica.

«Giorno per giorno / sempre ballando / non prendere mai questa vita né poco né troppo sul serio / vento per vento / a favore oppure contro / cosa c'è di male in fondo a vivere?» ("Giorno per giorno").

Non ho mai preso la tessera di nessun partito, ho sempre dovuto sentirmi libero anche da quello; ma è stato bello credere, illudersi che una certa politica potesse avere quell'intenzione.

Poi arrivano gli anni Ottanta, come un battistrada, e cambia tutto. Tutti con l'affanno di divertirsi a ogni costo. E mi sono divertito anch'io, per carità: erano i miei vent'anni... Però non fu un passaggio da niente vedere questo enorme e improvviso salto dal «tutti insieme facciamo questa cosa» all'«adesso che ognuno si faccia i cazzi suoi».

E allora...

Non è tempo per noi che non ci svegliamo mai
Abbiam sogni però troppo grandi e belli, sai
Belli o brutti abbiam facce che però non cambian mai
Non è tempo per noi e forse non lo sarà mai...
...Non è tempo per noi che non vestiamo come voi
Non ridiamo, non piangiamo, non amiamo come voi
Forse ingenui o testardi, poco furbi casomai
Non è tempo per noi e forse non lo sarà mai.

In quel momento mi sentivo così, e sentivo di non essere il solo.

«Canterò le mie canzoni per la strada / ed affronterò la vita a muso duro / un guerriero senza patria e senza spada / con un piede nel passato / e lo sguardo dritto e aperto nel futuro» (Pierangelo Bertoli, "A muso duro").

Rispetto all'appoggio a cause sociali, civili o benefiche, ogni personaggio pubblico ha le proprie idee su come porsi. Per *Italia Loves Emilia* la promozione serviva, doveva servire a raccogliere fondi per le zone terremotate. L'esperienza del terremoto ti rende precario tutto. La vita dei tuoi cari, la tua casa: tutto quello che ha a che fare con il centro della tua vita va di colpo in pericolo per un capriccio della terra. Il primo, che venne alle quattro di notte, ci svegliò col cuore in gola. Non finiva più. Dissi a Barbara – perché purtroppo avevamo già avuto nel '96 l'esperienza di un terremoto con epicentro a Correggio – se l'epicentro non è qui, questo è tostissimo. Poi ci furono quei due, pochi giorni dopo, che furono devastanti. Perché quando si cominciava a rimettersi in piedi, quando pensavamo che sì ci sono tante scosse di assestamento ma almeno sono tutte più piccole, proprio in quel momento sono arrivate quelle due con quella violenza. Hanno tagliato veramente le gambe e i nervi a chiunque. E soprattutto hanno dato il colpo di grazia a un sacco di edifici che erano rimasti in piedi fino a quel momento.

E allora succede che cominciano a chiamarmi dei colleghi per dire: guarda Luciano, io non so se tu farai qualcosa, ma se lo farai sappi che io verrò, qualsiasi cosa tu faccia. Io non avevo pensato ancora a niente, in quei momenti pensavo ad altro, in realtà non sapevo neanche io cosa fare. C'è stato un momento in cui ho anche pensato di andarmene, di portare al sicuro i miei cari.

Un giorno Claudio (Maioli) mi fa: dobbiamo fare qualcosa. A quel punto gli dico: guarda che a me sono arrivate le chiamate di parecchi colleghi che hanno detto «io ci sono»; e quindi non lo so, pensaci. E lui ha cominciato a pensarci. Pochi giorni dopo mi chiama: ho deciso, lo faccio. Sei sicuro?, gli chiedo. Sai che potrebbe essere un inferno, eh? E lui: ci sono cose nella vita che vanno fatte e basta.

È lui l'artefice vero di *Italia Loves Emilia*. Ha deciso che si sarebbe fatto a settembre, quando i media avrebbero smesso di parlare del terremoto, e poi di dare quel taglio alla manifestazione, invitando i cantanti che hanno partecipato unitamente a quelli che si erano già fatti avanti. È una cosa che la gente non può sapere, ma ci tengo a precisarlo: Claudio Maioli ha lavorato per quasi tre mesi a questa cosa senza percepire un euro. E non è facile pensare che qualcuno sia disposto a dare tre mesi del proprio lavoro per una causa benefica, senza percepire alcun compenso.

«La conferenza stampa: 1) Springsteen. 2) Il mio impegno politico. 3) Perché quel titolo all'album?» ("Altro giro altro regalo", in "Fuori e dentro il borgo").

Da quando faccio il cantante non ho mai avallato nessuna figura politica, né religiosa, né di altro tipo. Anche se si conoscono le mie simpatie politiche. È successo che si siano usate canzoni mie in qualche campagna o congresso, vero: ma spesso non mi chiedevano nemmeno il permesso di usarle. Comunque la mia è una scelta chiara, perché un conto è chi voto, un altro conto è dire: votatelo anche voi. Io quel passaggio non lo voglio fare, non l'ho mai voluto fare. E questa scelta, nel tempo, ha voluto anche dire problemi su problemi, perché i politici non hanno tanta voglia di sentirsi dire dei no.

Il videomessaggio che ho mandato al primo V-Day di Grillo è stata una risposta a una richiesta che mi ha fatto lui (a dire la verità mi aveva chiesto di andare in piazza ma quello, appunto, non l'ho mai fatto per nessuno). Mi ha detto: voglio portare in Parlamento tre leggi popolari; una dice che in Parlamento non si può sedere chi è stato condannato, la seconda dice che c'è un massimo di due mandati in Parlamento, la terza dice che le persone elette devono essere elette direttamente da chi vota. Siccome alla fine mi sembravano leggi di assoluto buon senso, ho dato il mio contributo. Ma non era uno schierarsi per un movimento politico (in quel momento, tra l'altro, il Movimento 5 Stelle ancora non esisteva). Era il contributo per una raccolta di firme per queste tre leggi, che arrivò – se non ricordo male – a trecentomila. Firme che sono ancora là, intonse: non sono state guardate né prese in considerazione. Questo è quello che è successo. Però lo scontro politico è diventato talmente esasperato, negli ultimi anni, che c'è quest'ansia terribile di doverti mettere di qua o di là, sulla base di ogni minima interpretazione: e se ti vedono "di là"... giù infamie.

«È vero che bruciare in breve tempo un talento straordinario e fare una morte drammatica in giovane età – al pari di Schubert, di Mozart, di alcuni poeti e cantanti rock – diventare un mito insomma, è un destino che affascina, ma per la maggior parte di noi non credo costituisca un modello di vita» (Haruki Murakami, "L'arte di correre").

Ognuno si deve vivere la vita come vuole e come può. Non ho niente contro la trasgressione. Mi infastidisce, però, la trasgressione vissuta come ostentazione o, ancora peggio, come l'adeguamento a uno standard. È sempre andata di pari passo con l'idea del rock – perché affascina, perché è sempre stato così –, ma tante volte ci si vede dietro, più che un bisogno vero, una specie di divisa da indossare. Insomma anche *trasgressione* mi sembra una parola un po' svuotata di senso. Quando sei un adolescente, hai bisogno di sentirti antagonista: perché ti stai formando, perché stai cercando di essere te stesso e se devi diventare te stesso devi sentirti "altro" rispetto agli altri. Lì forse è necessario; dai trent'anni in su lo è meno, secondo me, e più tardi diventa anche abbastanza strano. Però anche qui ci metto dentro un enorme «secondo me», perché casomai dai trent'anni in su per molti altri è il momento in cui cominciare, invece.

In *Lettere d'amore nel frigo* c'è una poesia che si chiama *Ce lo vedi Mick Jagger morire a ventisette anni?* Parla della disperazione sfociata in una serie di suicidi, più o meno consapevoli, di alcune star: da Hemingway a Cobain. Il finale accenna alla disperazione di chi famoso non è:

qualche altro miliardo
di umani
le ha garantito
vitto e alloggio.
a nessuno di questi
puoi dire
che la sua disperazione
è di serie b
solo perché meno famosa

Non voglio certo sminuire la sensibilità e la disperazione di chi ha pagato con la propria pelle. Anzi è proprio il contrario. Proprio raccontando di quelli come Elvis che ci hanno rimesso la vita, credo, si fa giustizia di chi invece recita solo una parte.

«Sex, non drugs & rock'n'roll» (Jovanotti).

Per me il rock'n'roll è stato sicuramente una fonte di energia costante. Quanto al sesso, c'è chi ne fa di più, chi ne fa di meno, chi lo fa meglio, chi peggio, chi ne fa con più partner, chi ne fa con meno. Va beh, chiaro che facendo il cantante ci sono più possibilità. Per quello che riguarda le drugs – come ho dichiarato più di una volta – mi sono fermato alle canne, che hanno un effetto per me rilassante. Roba che quindi, da quel punto di vista, per me non ha controindicazioni: ma che comunque non consiglio a nessuno, anche perché ho capito che in quel campo ogni tipo di droga ha un effetto diverso su ogni persona.

Resta il fatto che ognuno di noi ha una sua forma di tossicità, siamo tutti dipendenti da qualche cosa. Ne parlo nella mia *In pieno rock'n'roll*:

La musica ti gira dentro le vene
Che ognuno a suo modo è un tossico vero
Di pere, d'affetto, di sogni di sesso e di idee:
Sei tossico sempre di cose che non sono tue
La radio ti passa un po' di metadone,
Qualcosa nascosto in qualche canzone,
Canzoni che sanno chi sei molto meglio di te.

A proposito di sesso e droga, ci fu un giudice che voleva censurare *Radiofreccia* e vietarlo ai minori di 14 anni per via di quella scena della pera. È una ragazza a bucare Freccia per la prima volta e lo fa in maniera erotica, proprio come se rientrasse in un gioco sessuale. A un certo punto lecca l'ago, ed è erotico anche il modo con cui lei glielo mette in vena quell'ago. Una scena importante, perché raccontava di quanto fosse facile nei Settanta farsi una prima pera, per via della cattiva informazione e di un facile «perché no?». Ma che doveva essere censurata per i riferimenti al sesso.

«Dicono che devi proprio farti fuori / se vuoi fare il rock in qualche modo / che ti portiamo i fiori / lì nei cimiteri mitici» ("Happy hour").

Viaggiamo a una velocità impensabile fino a pochi anni fa. I media sono costretti a sparare notizie sempre più grosse e sempre meno a lungo. Si vanno a vedere le notizie su Internet (se non ci raggiungono loro tramite un social) ogni quindici-venti minuti. Invece di far sedimentare dentro di te le informazioni che hai raccolto, non fai altro – in realtà – che accelerare questo processo. Non fai in tempo a farti colpire nel profondo dalla notizia dello squilibrato americano che fa fuori più di venti ragazzi in una scuola, che dopo quaranta minuti sei già passato ad altro.

Io continuo a pensare che tutto questo tipo di accelerazione (anche la musica viene ascoltata velocemente: ce n'è tanta) produce una sorta di corsa che è fatta per non inchiodarsi a sé stessi. Si corre per non guardarsi dentro, per non vedere – forse – un vuoto che fa paura.

Sei già dentro l'happy hour
Vivere vivere costa la metà
Quanto costa fare finta di essere una star?

Happy hour è stata un successo enorme, ma credo sia una delle mie canzoni più fraintese. Per molti era semplicemente una canzone allegra, una specie di inno all'happy hour. Non ne hanno colto il sarcasmo, nonostante il testo fosse molto chiaro. Proprio come in *Tutti vogliono viaggiare in prima*:

Tutti vogliono viaggiare in prima
L'hostess che c'ha tutto quel che vuoi
Tutti quanti con il drink in mano
E sotto come va? fuori come va?

Diciamocelo: a chi non fa gola? Una vita di confort, viaggi, privilegi, mentre l'hostess ti offre tutto quello che vuoi e puoi guardare dal finestrino l'andamento delle umane sorti, protetto dalla prima classe. Veniamo plasmati da subito per desiderarla. Però dipende cosa sei disposto a fare o a cosa sei disposto a rinunciare per ottenerla. E cosa farai se la ottieni.

So di correre il rischio di risultare un eccessivo semplificatore, ma non facciamo altro che rincorrere la felicità, no? Ebbene: se ripensi ai momenti in cui sei stato felice, ricorderai che eri assolutamente presente a te stesso. Vivevi totalmente quel momento. Allora come ti può capitare di essere felice quando sei perennemente nel passato, nel futuro, nei pensieri, nelle cose da fare, di corsa? Ti continui a dire che sarai felice se capiterà la tal cosa o la tal altra, ma nel frattempo non te lo concedi. È un paradigma che va rovesciato. Anche se so che non è facile.

«Well we know where we're goin' / But we don't know where we've been / And we know what we're knowin' / But we can't say what we've seen» (Talking Heads, "Road to nowhere").

Mi sembra, certe volte, di aver raggiunto quello che dovevo raggiungere. Non saprei dire se questo mi fa stare più o meno sereno, dipende dalle volte. Nel senso che sono ovviamente grato per tutto l'amore ricevuto in tutti questi anni, negli ultimi in modo particolare. Però certi giorni mi è difficile immaginare che ci possano essere così tante avventure, dopo tutte quelle affrontate. Poi mi mettono su un palco e tutto si sistema.

Come sto dal punto di vista personale, mi chiedi? Le cose sono come un po' si sanno: sto con Barbara da undici anni e adoro i miei due figli. E credo nella famiglia (anche qui il rockertuttodunpezzo penserà «è proprio una mezza sega»: pazienza), anche se ho visto fallire la mia prima, dato che ho divorziato. Ti ricordi *L'amore conta*?

Io e te ne abbiam vista qualcuna, vissuta qualcuna
Ed abbiamo capito per bene il termine insieme
Mentre il sole alle spalle pian piano va giù
E quel sole vorresti non essere tu
E così hai ripreso a fumare, a darti da fare
È andata come doveva, come poteva
Quante briciole restano dietro di noi
O brindiamo alla nostra o brindiamo a chi vuoi

L'amore conta
L'amore conta
Conosci un altro modo
Per fregar la morte?
Nessuno dice mai se prima o poi
E forse qualche dio non ha finito con noi
L'amore conta.

Una volta, in un'intervista, Fernanda Pivano mi ha chiesto qual era la cosa migliore che avevo fatto nella vita e io le ho risposto aver fatto due bambini. Lei si è un po' indignata, mi ha preso un po' in giro, ha detto: no, dai, dammi un'altra risposta. No no, ho detto io: la risposta è proprio quella lì.

Sei

School of rock

E te lo porti dentro
quel vecchio professore
che ti ha rubato tempo
con la sua mediocrità

Vivo morto o X

Anch'io sono stato professore per un giorno.

Il 28 maggio 2004, l'Università degli Studi di Teramo mi ha dato la laurea *honoris causa* in Editoria, comunicazione multimediale e giornalismo. E così mi è toccato tenere la mia *lectio doctoralis*. Mi avevano messo anche il tòcco, quel buffo cappello, ma dopo un paio di minuti me lo sono tolto perché proprio non ce la facevo. Francamente, ero agitato: onorato della scelta, ma agitato. Ricordo, infatti, che cominciai proprio dicendo qualcosa tipo: non so se riuscirò a trasmettervi adeguatamente la soddisfazione per l'onore che mi fate, ma ho la sensazione che il mio imbarazzo avrà vita più facile...

Ad agitarmi non era soltanto quella solennità: le formule in latino, la toga, il cappello. C'era soprattutto un motivo personale. In quel momento, infatti, continuavo a ripensare a mio padre, che negli anni mi aveva rimproverato di non aver fatto l'università come desideravo: di essermi preoccupato troppo – o troppo presto – di dare una mano al bilancio della famiglia, quando vivevo ancora con loro. Si sentiva in colpa che non avessi fatto Lettere, e ogni tanto questa cosa la tirava fuori. Diceva che non aveva proprio senso quello che avevo fatto, che ce la saremmo cavata comunque. E allora l'idea che mi venisse data una laurea era come una possibilità di mettermi in pari. Lui non c'era già più, ma pensavo che in qualche modo questa cosa gli avrebbe fatto piacere.

> *«Dopo il liceo che potevo far / non c'era che l'Università / ma poi il seguito è una vergogna / son fuori corso qui in facoltà / e me lo voglio dimenticar» (Edoardo Bennato, "Dopo il liceo che potevo far").*

Ho fatto ragioneria per i motivi per cui a quattordici anni uno non è in grado di decidere cosa farà da grande, e dunque figurati che scuola fare. Ho scelto quella perché era vicino a casa e ci andava qualche amico: non sapevo per niente a cosa andassi incontro. E poi avevo bisogno di fare una scuola che alla fine dei cinque anni ti desse un diploma con cui poter lavorare, perché a casa mia non si stava larghi a soldi. Mio padre era una persona che cambiava spesso lavoro e in certi periodi si trovava disoccupato... era tutto un po' così. E allora decisi di fare ragioneria, cannando clamorosamente scuola.

Mi ero reso conto quasi subito che gli unici momenti in cui veramente mi appassionavo erano i momenti in cui il professore d'italiano riusciva a uscire dal programma e a raccontarci – o a leggerci, o a consigliarci – qualche titolo di letteratura. E infatti verso la fine di ragioneria ho cominciato a leggere veramente.

«Sono salito sulla cattedra per ricordare a me stesso che dobbiamo sempre guardare le cose da angolazioni diverse. E il mondo appare diverso da quassù. Non vi ho convinti? Venite a vedere voi stessi. Coraggio! È proprio quando credete di sapere qualcosa che dovete guardarla da un'altra prospettiva» ("L'attimo fuggente", regia di Peter Weir).

Il «vecchio professore che ti ha rubato tempo con la sua mediocrità» di cui parlo in *Vivo morto o X* non è certo lui, anzi. Senza voler arrivare al Robin Williams dell'*Attimo fuggente*, quel professore non solo mi ha favorito nell'appassionarmi alla letteratura, ma mi ha detto anche una cosa che non dimenticherò mai. Un giorno, infatti, se ne uscì dicendo: sappiatelo, chiunque di voi abbia un sogno nel cassetto, chiunque abbia qualcosa da realizzare, deve cominciare adesso, perché il momento è adesso. Avevamo diciott'anni ed eravamo all'ultimo anno di superiori. Io in realtà non è che pensassi di fare il cantante, ma ricordo che quella cosa lì mi colpì moltissimo. Forse mi fece anche prendere in considerazione la possibilità che quello potesse essere il sogno: fatto sta che quella frase rimase lì a fare il suo lavoro dentro di me per anni.

Quanto allo scrivere canzoni, poi, io credo che in generale quello che una scuola ti può dare sono degli strumenti, strumenti più che altro tecnici. Ma o hai una cosa da dire o non ce l'hai; o hai la sfacciataggine di dirla o no, e quella predisposizione lì non te la insegna nessuno.

«– Ok. Lezione, lezione, lezione... La storia è... ho un doposbronza. Chi sa che vuol dire? – Vuol dire che è ubriaco? – No: vuol dire che ero ubriaco ieri sera» ("School of rock", regia di Richard Linklater).

Ero in artiglieria da montagna. Mi stavano facendo un mazzo atroce in una caserma operativa a Belluno. Licenze mai. Arriva la convocazione dalla SIAE per fare l'esame come autore musicale. Vado a chiedere una licenza e mi danno, sbuffando, un permesso di 36 ore. Tieni presente che, con il treno, ce ne mettevo (con due coincidenze) la bellezza di 6 solo per tornare a casa. Figurati andare a Roma dove si teneva l'esame. Comunque vado e mi presento alla commissione, ovviamente in ritardo e distrutto. Un tipo si mette al piano ed esegue una serie di note che io dovevo riprodurre sulla chitarra. Sbaglio diverse note e allora faccio per rivolgermi alla commissione, per spiegargli la mia situazione, ma quelli non appena apro bocca mi dicono di star zitto e di andarmene.

Mi avvio verso il rientro, sicuro che l'esame fosse andato male. E senza un attimo di pausa, mezzi pubblici e via: verso il treno con un affanno che non ti dico. Il penultimo treno accumula ritardo, così che perdo l'ultima coincidenza. Passo la notte nella sala d'attesa di seconda classe, avvicinato via via da personaggi che ti raccomando. Ovviamente non chiudo occhio, tenendomi stretta la chitarra che – anche se loffia – era pur sempre l'unica che avevo. Finalmente arriva mattino. Vado alla Polizia ferroviaria per farmi fare la dichiarazione che c'era stato il ritardo e che, dunque, il ritardo per il mio rientro non dipendeva da me. Arrivo in caserma, mostro quel documento, ma mi dicono: comunque sei consegnato. Quindi dopo 36 ore passate così, con la frustrazione di avere sbagliato l'esame, in un anno peraltro tremendo, e dopo aver passato una notte del genere, con la febbre addosso, ho fatto la mia giornata a pulire cessi.

Un paio di settimane dopo mi comunicano che miracolosamente l'esame l'avevo passato, il che mi fa pensare a una certa elasticità...

«Devo dire che le regole non mi fanno impazzire, anzi in genere mi annoiano, però quello per me è veramente un codice importante: attenersi a delle regole che in qualche modo la canzone ha deciso per te» (intervista raccolta in "Storytellers").

La canzone ha una struttura rigida e semplice. Sostanzialmente è fatta di *strofe* e di *ritornelli*. Mi sa che sono uno degli ultimi a usare la parola *ritornello*, ormai tutti a chiamarlo *chorus*. Addirittura anche la strofa – in inglese *verse* – qualcuno la chiama *verso*. Spesso c'è un inserto fra strofa e ritornello che si chiama, non a caso, *ponte*. Infine c'è anche quello che viene chiamato *C* o *middle eight* o *middle session*, che è una specie di divagazione, in genere piazzata prima dell'ultimo ritornello. Quindi la struttura più "complessa" che puoi avere può essere: *strofa – ponte – ritornello – strofa – ponte – ritornello – middle eight – ritornello.*

In genere, ogni blocco ha una diversa temperatura emotiva e l'apice lo si raggiunge con il ritornello, ma questo è a discrezione di ogni autore.

A me piace questa semplicità di struttura, anche se ti complica il lavoro. Perché mi sembra importante che la canzone risponda a dei criteri attraverso i quali la gente la riconosca. Però è anche chiaro che, se hai poche variabili, ti devi ingegnare sempre di più per fare in modo che la tua canzone – con le variabili che il giro armonico ti offre, con la tua melodia, con le parole che ci hai messo sopra – non assomigli troppo a quelle che sono già state scritte e abbia dei caratteri sufficientemente personali.

Più quello schema lì è ripetuto nel tempo, più è facile che si sentano delle assonanze con qualcosa che è già uscito. Ma questo è un processo inevitabile: le canzoni pop e pop-rock uscite dagli anni Sessanta a oggi sono oramai, credo, miliardi. Per cui penso sia importante semplicemente – se *semplicemente* è l'avverbio giusto – che chi ascolta possa trovare un'empatia con la canzone, al di là del fatto che questa possa avere un riverbero che viene da qualche altra canzone. Se scatta quell'empatia – che deriva dalla vibrazione della voce del cantante, dalle parole che sta cantando, da un giro armonico che può pure ricordarti vagamente delle cose che hai già sentito, dall'arrangiamento che prevede un certo tipo di sonorità – allora l'impatto con questa canzone non ha poi bisogno di tante giustificazioni.

Sette

Scrivere è riscrivere

> E ho ancora la forza di scegliere parole
> per gioco, per il gusto di potermi sfogare
> perché, che piaccia o no, è capitato
> che sia quello che so fare...
>
> *Ho ancora la forza*

Io le canzoni le devo scrivere rapidamente.

Non credo sia un dato positivo né negativo. È che per me la scrittura della canzone dev'essere di getto: un paio d'ore al massimo. Mi piace che non siano filtrate, che escano così, prima che mi venga un pensiero sul fatto che quella canzone possa funzionare o no. Ne scrivo tante anche per questo motivo: scrivo sapendo che parecchie le butterò via. Poi a un certo punto mi guardo attorno, vedo quello che ho scritto e dico: ecco di cosa voglio parlare questa volta e scelgo quelle che, appunto, lo fanno.

Deve essere tutto consumato molto velocemente in una canzone e quindi se riesci a fare in modo che le immagini riescano a susseguirsi – non solo a susseguirsi, ma in qualche modo a concatenarsi, se possibile anche la prima con una delle ultime – riesci ad avere una sensazione di quadratura. È uno dei grandi limiti della canzone: sei costretto a essere sintetico, tutto deve stare in un numero di parole piuttosto limitato. Ma è anche una gran bella sfida.

Le scrivo rapidamente, quindi, ma poi il processo di messa a punto non finisce fino al giorno che le canto. Lo stesso, curiosamente, è successo con *La neve se ne frega*: nonostante fosse il mio primo romanzo e avesse una struttura piuttosto articolata – almeno per me – l'ho scritto tutto in tre settimane, ma poi ho fatto sette stesure successive.

Anche quando registro le parti cantate, cerco di farlo di getto. In genere venti minuti a canzone. Tre take. Per cercare di catturare l'urgenza, l'emozione primaria.

«Capisco che siete un po' stanchi, capisco la lunga giornata: però quando si fanno gli oh oh oh, si fanno gli oh oh oh! Quindi propongo, come sempre, per dare un senso musicale agli oh oh oh, di partire da lontano. Cantate gli oh oh oh come mentre vi fate le unghie, oppure mentre mandate un messaggio, tipo così con nonchalance...» (alla fine di "Marlon Brando è sempre lui", durante l'esibizione a Italia Loves Emilia).

Il fatto è che quando suoni dal vivo tante cose puoi cambiarle, ma le parole no. Io ho sempre cambiato molto gli arrangiamenti. Le versioni di *Piccola stella senza cielo* ormai non si contano più. Anche se, a dire il vero, più vado avanti e più mi viene voglia – anche dal vivo – di riprodurre le cose come sono nell'originale. Un po' come dire: questa è la fotografia di come l'avevamo vista all'epoca, che tutto sommato è giusto anche rispettare.

C'è un tempo per tutto, e le canzoni che scrivi in un certo momento probabilmente non le scriveresti più tardi. Adesso, per dire, non credo che potrei scrivere *Non è tempo per noi*. Soprattutto perché mi dispiacerebbe raccontare di una situazione in cui non c'è speranza. Perché «non è tempo per noi e forse non lo sarà mai» un po' è così. Non è che io mi voglia censurare, però so comunque l'effetto che produce la chiusura alla speranza, il nonsenso, e quindi cerco di tenerli fuori. Ma poi non potrei scriverla anche perché c'è un *noi* che da tanto tempo non uso più.

«So solo che rivedere e correggere l'opera dopo averla scritta è una cosa che mi viene naturale e in cui provo un grande piacere. Può darsi che io corregga perché così facendo mi avvicino pian piano al cuore dell'argomento del racconto. Sento di dover continuamente tentare di scoprirlo. È un processo, non una posizione stabile» (Raymond Carver, "Il mestiere di scrivere").

Mi hanno detto spesso, specialmente riguardo ai primi album, che la mia era una scrittura cinematografica. Nella messa in scena di una canzone, cerco di usare – quando è possibile – il dettaglio che ti permette di visualizzare quello che stai ascoltando e dunque ti mette anche in una situazione di ascolto diversa. Per dirti: *Marlon Brando è sempre lui*, pur non essendo una delle mie preferite, è fatta soprattutto di quei dettagli.

Lui aveva un vecchio maggiolone cabriolet
Sfatto ma piaceva tanto a lei
Arrivò e col clacson disse: sto aspettando te
Lei scese profumata più che mai
Fecero due conti in tasca e videro che
Non ci si ballava neanche un po'
Lei gli disse: questa sera voglio far l'amore,
Prima però portami a sognare.
Un fascio di luce va dal proiettore
Per un sogno da duemila lire
Porti addosso qualche segno proverò a tirarteli via
Posso solo questo sogno scusa per la mia fantasia

Giù in platea sedie di legno
Gole secche per la sete d'eroi
E Marlon Brando è sempre lui.

«Ora zero / ora da eroi / ora di far vedere qualcosa / ora vado / guardami dai / ora zero» ("Ora zero").

Un altro esempio del genere, sicuramente meno conosciuto, è una canzone che non ho mai pubblicato, ma che facevo dal vivo con il mio primo gruppo. Si chiamava *Ora zero* e ha dato il nome anche a quel gruppo.

Suonano i guai dal mio orologio da polso
Dal momento che ho guardato giù.
Giù c'era lei che proteggeva la borsa
Da due tipi che cercavano di più.
Uno l'aveva presa per i capelli,
Mentre lei chiamava chissà chi,
Forse eccitati o forse solo tranquilli,
Avevano deciso di far tutto lì.

Un tipo assiste a un tentativo di stupro. Vede che nessuno fa niente e decide di intervenire lui. Solo che è la ragazza stessa a chiedergli perché non si fa i fatti suoi. Perché a uno possa venire in mente di raccontare una storia del genere non chiederlo a me, anche se sono quello che l'ha scritta.

«Eroi di latta, eroi che arrugginiscono / eroi di latta, eroi che non si reggono / eroi di latta, eroi che si consumano, eroi di latta» ("Eroi di latta").

Mi è capitato qualche volta di tornare su una canzone e cambiare il testo più o meno radicalmente. È successo – come si sa – per *Balliamo sul mondo*, che era nata come *Eroi di latta*.

Quanta vita che vorrà rappresentare il New Messia
e la vita quella vera non sa neanche cosa sia.
Due o tre meeting per la pace ed un po' di filosofia,
ed il prezzo è già pagato, l'eroe è tornato e così sia.

Meno male che quel testo l'ho cambiato o la prima canzone del mio primo album sarebbe stato un attacco/pippa sulla musica che non mi piaceva.

Poi è successo anche con *Buon compleanno, Elvis!* – intendo la canzone – che aveva un altro titolo e un altro inciso: si chiamava *Nati col vento contro*. La simpatia per i loser, ok. La fatica nel vivere andando dritti sulla propria strada, ok. Ma quel titolo mi faceva venire in mente un dipinto in cui qualche eroe avanzava eroicamente verso il proprio destino con gli abiti e i capelli mossi dal vento. Va bene la retorica, ma lì non ce l'ho fatta. Così fra le tante discussioni in studio in cui puntualmente si faceva un confronto fra Elvis e i Beatles e sull'influenza che hanno prodotto su tutta la musica venuta dopo, mi sono ricordato che Elvis quell'anno avrebbe fatto sessant'anni. Mi vennero domande tipo: come sarebbe se fosse ancora vivo? Che tipo di musica farebbe? Saprebbe ancora incidere sui gusti della gente? Sarebbe sereno rispetto al suo ruolo e alla sua storia o vivrebbe ancora più tormentato? Potrebbe essere l'esempio che con il successo, dopo un primo momento di euforia, si attraversa una crisi profonda, ma che quella crisi è superabile? Elvis è un'icona enorme e le domande che uscirono furono molte altre ancora. Nel frattempo, mi resi conto che quel titolo sapeva rappresentare anche l'intero album che stavo facendo e così andò. Anche se, in un primo momento, la casa discografica era preoccupata che *Buon compleanno, Elvis!* potesse venire interpretato come un album di cover.

Otto

Pane al pane

Chiaro che più non si può
pane al pane

Pane al pane

Sono uno attaccato alle proprie radici.

È andata così. Spesso mi chiedono come mai non me ne sono andato dopo il successo. La risposta è che qui, evidentemente, ci sto bene. Affetti, famiglia, amici e – negli anni – studio di registrazione e uffici, quindi lavoro: è tutto qui. A vent'anni sognavo di andarmene, perché in qualche modo la sentivo stretta come realtà. Ma questa cosa la faccio dire da Freccia nel film: «credo che quando vuoi scappare da un paese di ventimila abitanti, vuol dire che vuoi scappare da te stesso, e da te stesso non scappi neanche se sei Eddy Merckx».

Quest'anno io e la mia compagnia di amici – siamo in venticinque – festeggiamo i trent'anni di affitto case per poterci frequentare. Cioè abbiamo per trent'anni affittato casolari in campagna in cui abbiamo ricostruito il bar. E allora: bigliardo, calcetto, zona carte, cucina e una cena dietro l'altra. E non ci siamo ancora rotti i coglioni di frequentarci così tanto.

«Non so se siano cose che si possono imparare. Forse bisogna essere nati da quelle parti. Non so nemmeno se è una cosa che amo, perché poi la realtà qualcuno si dovrà pur prendere la pena di cambiarla, non si potrà pensare di cavarsela tutta la vita a colpi di scorciatoie geniali, pacche sul culo e bestemmie in dialetto» (Alessandro Baricco, Prefazione a "Radiofreccia. La sceneggiatura, le foto e altro ancora").

Il dialetto la fa da padrone e dà una marcia in più a qualsiasi battuta. Complicità, insomma. Anche con i gruppi con cui ho suonato l'ho potuto usare. Ho insegnato qualche parola di correggese anche agli americani. Io e Maio ci parliamo così.

È proprio una lingua a sé. Al borgo se ne parla ancora tanto. Parlarlo è tipo darsi una strizzatina d'occhio, come a dire: ci siamo capiti. E tante volte l'italiano in realtà è la traduzione mentale della frase pensata in dialetto. Mi chiedi se l'ho mai usato in qualche mia canzone? Solo un «tot a ca'» in *Lettera a G.*

«Qualche anno più tardi, quel bel giovanotto che chiamavano il Re, beh doveva aver cantato troppe canzoni, e gli venne un infarto o cose così. Deve essere difficile fare il Re» ("Forrest Gump", regia di Robert Zemeckis).

Lo stesso vale per l'inglese. Negli anni Ottanta – quando ho cominciato a scrivere canzoni – andava di moda scrivere in inglese. Sembrava un modo per essere internazionali, soprattutto se facevi rock. Ma anche lì io non ci ho mai pensato, mai. Non solo era una cosa che non mi muoveva nessun tipo di voglia, ma lo trovavo proprio un passaggio inutile per me. Le cose che io dovevo dire dovevano essere nella lingua mia e delle persone a cui mi rivolgevo: mi sembrava strano, per un italiano, pensare di scrivere in inglese rivolgendosi comunque a degli italiani.

Anche quando ho fatto qualche cover traducendo testi di canzoni inglesi, l'ho fatta solo perché mi piaceva la musica. L'ho fatto scrivendo il testo ex novo e non affidandomi a una traduzione di quello originale.

Una era su un pezzo di Elvis che si chiama *Suspicious minds*. L'originale parla di una coppia in crisi per la mancanza di fiducia reciproca. Ho voluto usare la suggestione di quella musica – una canzone fra le più popolari di Elvis – per creare subito un contesto. È diventata *Ultimo tango a Memphis*. Ho pensato a quanti si sono fatti a ogni costo un'immagine di Elvis e a quanti ne abbiano parlato a sproposito. Avevo voglia che lui potesse dire la sua. Ho provato a scriverla in questa cover.

Camminerò
Fuori e dentro di me
Fuori da chi mi avete chiesto.
Vi lascerò
In giro i giochi che ho
Voi fate pure, io, intanto, non cresco...
...Camminerò
Fino a quando ce n'ho
Conosco il buio ed altri posti.
E mi slaccerò
Quella cintura che so
Che ci fa dire «ci siamo già visti».
Ultimo tango a Memphis
C'è chi non va più via
Pensi di avermi, pensi
Senza averne un'idea.
Ultimo tango a Memphis
C'è chi non va più via
Mi hanno voluto Elvis
Per la loro allegria.

«I kissed your lips and broke your heart / You / You were acting like it was the end of the world» (U2, "Until the end of the world").

Prima di quella c'era stata *A che ora è la fine del mondo?*, cover di un pezzo dei R.E.M.: *It's the End of the World as We Know It*. Mi piaceva l'idea che dava quel titolo, immaginando che qualcuno facesse quella domanda un po' annoiato, come avrebbe chiesto di qualsiasi altro spettacolo televisivo. Berlusconi aveva appena vinto le sue prime elezioni, il suo partito in pochi mesi era nato e diventato il partito di maggioranza relativa e lui sosteneva che le televisioni in quello non c'entravano per niente.

Che or'è, scusa ma che or'è
Che non lo posso perdere l'ultimo spettacolo...
...Le liste del giudizio universale
Saranno trasmesse dal telegiornale
A reti unificate e poi sulla pagina 666
Prima però su Canale 9 ci sarà il terzo Festival del Dolore
Con la finale dei casi umani meno meno umani che mai...
...A che ora è la fine del mondo? Che rete è?

Mi sono reso conto che non è facile trasferire l'ironia nelle canzoni. O forse ne sono poco capace io. Insomma se in *A che ora è la fine del mondo?* mi sembra sia arrivata, so che altrettanto non è stato per *Happy hour* né per *Baby, è un mondo super.* In quest'ultima, in effetti, l'impianto musicale è un po' scuro e inquietante, per cui l'ironia non viene favorita.

La cultura ti alza la voce
Tre miliardi di analfabeti
Per una «cultura di pace»
Cercati il tuo karma nel sito

Fatti un clone maleducato
Non lasciare a casa l'invito
Sotto la chimica
La capra lievita
E si modifica bene
Baby il mondo ha sempre ragione
Puoi gonfiarlo di silicone
Ma alla fine ha sempre ragione
Sicuro che ti fai il pieno di super?
Cos'è che non va?
Cosa non va?
Baby, è un mondo super!

«Io mi sono sempre limitato a un gergo che comprende non più di tante parole. Non posso andare oltre, perché per essere chiaro agli altri, tutto deve essere chiaro prima a me, nella mia testa. Non userei mai termini come "alterco", "bonsai". Non c'entrano con me» (in "Urlando contro il cielo", conversazione con Massimo Cotto).

Da quando ho deciso che le mie canzoni dovevano essere "vere" prima di tutto per me, le scelte fatte venivano tutte di conseguenza. Le parole non devono essere affettate, non devono essere fuori dal parlato. Su quello sono ancora fermissimo. Io credo che se me ne sfuggisse qualcuna, la sentiresti immediatamente fuori posto: un corpo estraneo e fastidioso. Diciamo che la mia ambizione non è legata all'ampiezza del vocabolario. È legata al tentativo di una poetica che ha a che fare con il linguaggio comune. Cioè con la vita.

Ecco: per me tutto quello che sconfina nella ricerca del lezioso, del letterario fine a sé stesso, del vocabolo a effetto, finisce col rischiare un allontanamento dalla vita e risultare di una poetica artefatta. A me piace che la poetica sia sostanziosa.

«Quando questa merda intorno / sempre merda resterà, / riconoscerai l'odore, / perché questa è la realtà» ("Il giorno di dolore che uno ha").

Lo stesso vale, nei miei testi, per qualche scarto rispetto alla grammatica. Congiuntivi e a volte condizionali vengono forzati se si allontanano dal linguaggio comune. Tante volte questo permette una specie di dialogo con chi mi ascolta. Anche per questo nelle mie canzoni – in quelle più vecchie soprattutto – ci sono tante domande: versi o strofe che si chiudono con un punto interrogativo. Non so: «cosa porti con te? di' la verità, cosa ti tieni stretto, cosa c'è?» o anche «chi l'ha detto che sei solo quello che vuoi? che sei solo quello che sai?». In genere l'idea è quella di provare a incrinare qualche certezza troppo facile.

Un modo per mettere in discussione la lingua è anche giocare su certi modi di dire. Mi piace ogni tanto mettere in dubbio la saggezza o la presunta saggezza di proverbi o di luoghi comuni che tirano vicino al proverbio. Li prendo e faccio un piccolo cambiamento che, mi pare, riesce a minarli da dentro.

Che chi s'accontenta gode così così
(*Certe notti*)

Nel bene e nel male finché notte ci separi
(*È più forte di me*)

Dicono che tutto sia comunque scritto
Quindi tanto vale che non sudi
(*Happy hour*)

Guardare e non toccare, guardare e ingoiare
E sei un po' nervoso e un motivo ci sarà
(*Vivo morto o X*)

Li pago tutti io i miei debiti, se rompo pago per tre
(*Hai un momento, Dio?*)

Chi è fuori è fuori e chi è dentro è dentro, fuori tv non sei niente...
...Altro girone altro regalo, niente caramelle per i leccaculo
(*A che ora è la fine del mondo?*)

È un modo anche per non essere passivi nei confronti del linguaggio. Ci sono, ovviamente, altre possibilità di gioco:

A parte che i sogni passano se uno li fa passare...
...A parte che i tempi stringono e tu li vorresti allargare
(*Niente paura*)

L'amore conta e conta gli anni a chi non è mai stato pronto
(*L'amore conta*)

Buonanotte all'Italia che si fa o si muore
O si passa la notte a volersela fare
(*Buonanotte all'Italia*)

Dovremmo tutti provare un po' di fastidio anche solo per il concetto, la definizione di «frase fatta». Se la frase è già stata fatta da qualcun altro, dovremmo impegnarci a formulare la frase che facciamo noi.

Nove

Parola per parola

> Ma le parole che ti sono avanzate
> sono finite tutte nella valigia
> e lì ci sono restate
>
> *Il peso della valigia*

Parola / Parole

Parola e *parole* ritornano molto spesso nei miei testi. Per lo stesso motivo per cui all'interno delle mie canzoni uso anche, negli ultimi tempi più del solito, la parola *canzone*. È un po' come inserire il centro del tuo lavoro all'interno del lavoro stesso. Una forma di riflessione, anche: parole usate per parlare di parole. Poi, come sempre, bisogna fare dei distinguo, perché ogni canzone è una storia a sé.

«Ho ancora la forza di scegliere parole».

Allora, intendiamoci subito: provare a spiegare i versi di una canzone corrisponde nel 90% dei casi a banalizzarli. Tu me lo chiedi e io lo faccio, chiedendo già scusa in anticipo a chi leggerà per quando questo capiterà.

In quel verso conta soprattutto il verbo: non *usare*, non *dire*, ma *scegliere* le parole che entrano nelle canzoni. Il primo criterio per me è ovviamente una scelta di senso; il secondo una scelta di suono; il terzo è quello legato alla possibile connessione con la melodia. Tutte le scelte che vengono dopo quelle tre sono più "larghe".

«Forse qualcuno ci ricorderà / non solamente per le canzoni / per le parole o la musica».

Beh, fare musica, stare su un palco o in uno studio di registrazione è solo una parte della mia vita. Il resto non è meno importante.

«Ho perso le parole, eppure ce le avevo qua un attimo fa».

Sapevo che l'ultima scena di *Radiofreccia* era un'inquadratura di spalle del nostro protagonista – che noi sapevamo già morto di overdose – mentre, nel pieno di una sua crisi personale, lo vediamo tra due fuochi. Sono due macchine a cui ha appiccato il fuoco dopo averle rubate, per cercare di riconquistare (ma senza fortuna) il suo vecchio amore. Ciò che sappiamo è che quel ragazzo ha vent'anni e sta per morire di overdose.

Il commento che mi è uscito è stato appunto «ho perso le parole».

«Quando tutte le parole / sai che non ti servon più».

Qui c'è proprio il motivo per cui è nata questa canzone, che è *Il giorno di dolore che uno ha*. C'è un tuo amico che sta morendo di tumore e le parole scambiate in quegli ultimi mesi su tanti aspetti – morte e dolore compresi – hanno sempre meno effetto. Capisci che ormai non portano più nessun sollievo. Allora ho deciso di scrivere una canzone. E questa canzone un po' di sollievo lo ha portato. Poi quel tuo amico – Stefano Ronzani, che è anche un giornalista musicale – ti dice che la devi assolutamente pubblicare, perché deve portare sollievo anche ad altri. Così è stato.

«Eri in mezzo a tutte le parole / che non sei riuscita a dire mai».

Quella che non sei è una canzone a cui spesso hanno fatto ricorso ragazze che avevano disturbi alimentari: anoressia, bulimia. In diverse me lo hanno fatto sapere. Spesso sono proprio le parole che non riescono a tirare fuori a frenarne la guarigione.

Dentro / Fuori

In *Fuori e dentro il borgo* sembra esserci un'assonanza con *Su e giù da un palco.* Quando sono *dentro il borgo* è un po' come quando sono *giù da un palco* e cioè me stesso e non il personaggio pubblico; ovviamente vale anche il contrario. Comunque la contrapposizione *dentro/fuori* permette molte interpretazioni diverse.

«C'è un posto dentro te / in cui fa freddo, / è il posto in cui nessuno / è entrato mai».

Ognuno ha una "zona interna" in cui conserva segreti che nessun altro conosce, o almeno non li conosce altrettanto bene. *Quella che non sei*, l'ho già detto, è una canzone che parla di identità femminile, della difficoltà che ha mediamente una donna nel doversi confrontare con modelli estetici inarrivabili. Parliamo di bellezza proprio, e questa cosa non ha molto a che fare con la ragione: ha a che fare con l'antropologia. Il tipo di freddo di cui parlo è il nocciolo duro all'interno della personalità, nel profondo dell'anima. Finché quel posto non è raggiunto da qualcuno che permetta di aprirlo.

«Tu che dentro sei perfetta / mentre io mi vado stretto».

Tendo un po' a idealizzare le donne, o almeno alcune delle donne che ho conosciuto. Quindi tendo a vedere una perfezione che non esiste – fortunatamente non esiste in natura –, mentre io sono ben lontano dal sentirmi perfetto. Il punto è che, secondo me, *Le donne lo sanno.*

Le donne lo sanno
C'è poco da fare
C'è solo da mettersi in pari col cuore
Lo sanno da sempre, lo sanno comunque per prime
Le donne lo sanno che cosa ci vuole
Le donne che sanno da dove si viene
E sanno per qualche motivo che basta vedere
E quelle che sanno spiegarti l'amore
O provano almeno a strappartelo fuori
E quelle che mancano sanno mancare
E fare più male.

Perché qui uso *donne* e invece nel *Giorno dei giorni* uso *femmina*? Perché quella parola in sé evoca istinto, carnalità, essenza femminile. E, oltre a questo, un giorno ho notato che tante parole fra le più importanti della nostra lingua sono femminili, e quindi in qualche modo femmine. *Morte* e *vita*, per esempio; ma non solo:

Balla
Femmina come la terra
Femmina come la guerra
Femmina come la pace
Femmina come la croce
Femmina come la voce
Femmina come sai
Femmina come puoi
Femmina come la sorte
Femmina come la morte
Femmina come la vita
Femmina come l'entrata
Femmina come l'uscita
Femmina come le carte
Femmina come sai
Femmina come puoi.

«Cosa vuoi che sia, / ci sei solo dentro».

Qui sei dentro a una situazione che ti fa soffrire. Quindi non è che sei dentro a te stesso: sei solo dentro a quel momento. E chiunque ti dirà: ci pensa il tempo a guarire le tue ferite. Hanno ragione, ma in quel momento non te lo vuoi sentir dire. Perché la tua sofferenza ti sembra che non possano capirla.

«Fuori moda, fuori posto, / insomma sempre fuori, dai».

Non seguire una moda è un atteggiamento da nerd o da sborroni? E stare fuori dal coro? Mettimi un po' dove credi.

Ballo / Ballare

A partire dalla prima canzone del mio primo album, *Balliamo sul mondo*, il *ballare* è protagonista di tanti testi. A volte sta per un modo di intendere la vita – fisicamente, con stile, tenendo il tempo –, a volte è una metafora sessuale, a volte ha il significato di traballare, di essere malfermi: si balla, come se fossimo su una nave...

Vita / Vivere

Credo che *vita* sia la parola più usata in tutte le mie canzoni. Ed è una parola che non smetterà mai di finire nelle mie canzoni. Magari ci sarà chi vorrà dire: eh, quante volte dovrai usare ancora la parola *vita*, o *vivere*, o *viva*, o *vivo*? E invece sarà sempre così. La vita continuerà a finire nelle mie canzoni.

«Vivo morto o X».

Hai presente come comincia la canzone? «Nato da un sospiro o da un temporale, l'ostetrica ti batte e non ti chiede come va». Io ho avuto una falsa partenza alla nascita, nel senso che sono nato in casa – cioè non in ospedale – e l'ostetrica si è accorta molto tardi che avevo il cordone ombelicale legato alla fronte. Per cui praticamente sono nato quando mia madre ormai non ce la faceva più e sono uscito cianotico.

Poi, a un anno e mezzo, stavo male e mia madre continuava a portarmi dal medico, che continuava a dire che era un virus. Se non che, una volta, mi porta in farmacia per comprare l'ennesima medicina e lì, miracolosamente, c'è un altro dottore che dice: ma signora, ma cos'ha questo bambino? me lo faccia vedere, ha un brutto colore. Mi visita e fa: dobbiamo portarlo subito all'ospedale. Mi hanno operato urgentemente per un'appendicite che – a un anno e mezzo – stava per andare in peritonite. Mi hanno acciuffato un po' per i capelli.

A cinque anni, poi, devo fare le tonsille e succede che – non si sa come – il chirurgo riesce a sbagliare una delle operazioni più semplici che si possano fare. Ho un'emorragia di cui non si accorge nessuno, perché ingoio il sangue nel sonno. Fortunatamente mia madre si accorge che un rivolo di sangue mi è uscito, mi scrolla e io lo vomito tutto fuori. Mi riportano d'urgenza in sala operatoria. Mi devono fare una trasfusione, ma non hanno il sangue del mio gruppo. Per fortuna c'è una suora che ha quel tipo di sangue e me lo dona. Insomma, anche lì mi riacciuffano a fatica. Tieni presente che mi hanno tenuto in ospedale 17 giorni, per un'operazione alle tonsille...

Tutto questo per dire che cosa? Che, con tre episodi del genere nei primi cinque anni di vita, il mio imprinting è chiaramente il conflitto con la morte. E sembra facile dire che la risposta sia la ricerca d'intensità nella vita, che infatti è la base di parecchio del materiale che ho scritto e che scrivo. Che venga espressa attraverso l'energia, la malinconia, la resistenza al dolore. Dopo di che, se dovessi parlare con un saggio Zen, quello mi direbbe che la prima cosa che dovrei fare sarebbe proprio mettermi in pace con il pensiero della morte. Lo so, lo so...

«Vivere è un atto di fede, / mica un complimento».

Lo so perché l'ho verificato: avere fiducia nella vita permette alla vita stessa di essere più degna di essere vissuta. Anche se quell'atto di fede nei confronti dell'universo non è così facile. Fra le convinzioni che ho c'è ancora quella per cui si raccoglie ciò che si semina.

Ho una forte componente spirituale e credo moltissimo nel bisogno di credere. Ho bisogno anche di pensare che il credere nobiliti la vita. Mi relaziono con un'entità a cui non do per forza una faccia.

Cielo / Dio

Anche *cielo* è una parola molto usata nelle mie canzoni, perché mi piace moltissimo proprio la parola. Ma anche perché da sola contempla il cosmo, le stelle, il sole e la luna, le nuvole, e i nostri pensieri sulle anime.

«Tu che conosci il cielo / saluta Dio per me».

Se chiedi a qualcuno di parlare a Dio a nome tuo, cosa dimostri in fin dei conti? Che nonostante tu voglia dichiararti distante, gli credi. Mi piaceva l'idea che un artificio del genere – ho perso contatto con Dio, puoi dirgli questo e questo per me? – potesse produrre una certa tenerezza.

«Hai un momento, Dio?».

In *Hai un momento, Dio?* volevo dire quanto fosse necessario per me poter avere un dialogo con un Dio di cui non dover avere per forza timore. Quindi raffigurarselo addirittura all'interno di un bar, con addosso un bel gilet. Ovviamente voleva essere una cosa paradossale e leggera, non dico provocatoria: in qualche modo l'idea di umanizzarlo così tanto secondo me gli portava dei punti.

«Avere almeno due o tre cose certe / e avere un Dio che si diverte».

Beh, visto cosa succede quaggiù, nel teatrino delle umane sorti, è bello pensare che, almeno, Dio si possa divertire. Capisco che quando si gioca un po' su certi concetti si rischia di offendere qualche sensibilità. Però, se è davvero

vero che siamo fatti a sua immagine e somiglianza, mi piace pensare che lui abbia parecchie delle doti cosiddette "umane".

«Forse qualche Dio / non ha finito con noi».

Spesso una separazione fa pensare alla fine non solo di un percorso insieme, ma anche di un periodo della vita. Quella frase significa semplicemente che nella realtà poi la vita è tutta da vivere e quello che ci può essere dopo nessuno lo può sapere. E dunque puoi anche mettere in preventivo che casomai ci possa essere qualcosa di meglio, dopo quella separazione. Era un segnale di speranza in una canzone – *L'amore conta* – che voleva raccontare del dialogo che riprende fra due persone dopo che hanno superato la parte più sofferta della separazione.

Amore

In genere, quando parlo di amore, non parlo – o non parlo solo – del rapporto fra due persone. Parlo di una vera e propria condizione, che spesso, certo, ti viene indotta anche dall'innamoramento. Una condizione grazie alla quale si vive un sentimento di apertura e fiducia nei confronti del mondo, della vita, dell'universo. Ricordo che l'aveva espresso a suo modo Yoko Ono, che da qualche parte disse: l'amore è un profondo stato di relax. È quello che penso anch'io: l'amore ti rilassa, ti rappacifica, ti fa vedere gli altri con un occhio più benevolo, meno malizioso, meno critico, meno giudicante.

«L'amore conta, / conosci un altro modo / per fregar la morte?».

Eccolo il tema così presente – in modi diversi – nelle mie canzoni: cercare di «fregar la morte». Pensa anche a quel passaggio che fa: «grazie... per le botte d'allegria». Nelle relazioni che ho avuto, il riuscire a ridere insieme è sempre stata una cosa che faceva una certa differenza. *La neve se ne frega* è soprattutto un romanzo d'amore in cui, al momento del loro primo incontro, DiFo e Natura – i due protagonisti – ridono l'uno dell'altra: si guardano, si additano e si sbellicano dalle risate. Non proprio un'immagine sexy, ma sicuramente molto vitale.

«Come ci frega l'amore: / dà degli appuntamenti / e poi viene quando gli pare».

L'amore frega la morte, ma frega pure noi ogni tanto. Ci frega, diciamo così, la sua tempistica: è noto che normalmente quando hai bisogno di innamorarti, più ne hai bisogno e più non trovi. Quante volte abbiamo sentito dire che è arrivato quando uno non se l'aspettava? In realtà mi sa che la cosa era in preparazione, casomai da tempo.

«Sono qui per l'amore».

Io credo che il bisogno di amore sia veramente una necessità umana fra quelle primarie. Faccio un esempio, urtando – lo so – qualcuno dei suoi fan: per quanto Bukowski abbia raccontato con fastidio dell'amore e di quanto lui cercasse altro nella vita, secondo me quello che ha scritto racconta spesso e volentieri di quanto ne avesse bisogno, delle conseguenze per l'amore non ricevuto, per esempio, da suo padre e sua madre. In fondo questa assenza d'amore lo ha fatto diventare Bukowski.

«Rubare l'amore che si fa rubare».

Il concetto di «rubare l'amore» è un concetto che ancora una volta può essere considerato un po' rock, nel senso che è come dire: ci piace l'idea di essere un po' truffaldini nel portarcelo a casa. Però questa è alla fine una frase a effetto, più che sentita.

«Se la risposta è amore, / la domanda qual è?».

«La risposta è amore» era uno slogan degli anni Sessanta: pure John Lennon, per dire, in *Mind games* canta «love is the answer». Stava ovviamente per «l'amore è la risposta a tutto».

Anche qui, più che altro un gioco, chiedo: se quella è la risposta, qualcuno può ripetere la domanda che, evidentemente, non l'ho sentita?

Dieci

La vita non è in rima

E adesso giri con in tasca un pugno
nell'altra tasca il tuo rimario

Quando canterai la tua canzone

La vita non è in rima e non c'è il suo rimario. Devono ancora pubblicarlo, il rimario della vita.

La vita non è in rima perché la rima fa pensare alla poesia e la poesia vuole essere un po' l'essenza, il distillato nobile della vita, ma ne lascia fuori troppe parti.

La vita non è in rima perché la rima fa pensare a un percorso creativo su cui viene esercitato un certo controllo. Tutti tendiamo a esercitare il maggior controllo che possiamo, nella nostra vita; ma in realtà ne esercitiamo pochissimo: ci illudiamo di esercitarlo.

Certo, possiamo scegliere «tra botte e rime», cioè tra violenza e poesia, tra rabbia e bellezza.

Se ho un rimario della lingua italiana? Certo che sì. Perché, oltre che alla struttura della canzone, mi attengo molto alla sua forma tradizionale. Cioè rispetto molto la metrica – cerco di non forzarla mai – e l'uso delle rime.

Poi è ovvio che la necessità di fare rima non può essere prioritaria rispetto al senso della frase. Però può capitare che tu, grazie a una rima ben trovata, puoi aggiustare o migliorare il significato delle cose che stavi pensando. A volte mi è successo che mi veniva una rima e poi da quella usciva – a ritroso – l'immagine precedente: come una scossa che scocca tra due parole. In certi casi la rima può condizionare anche la grammatica. Per dire: fra *tu* e *te*, io preferisco usare come soggetto *te*. Lo so che alla grammatica non piace così tanto, ma io – forse proprio per questo – lo sento più confidenziale. Tante volte però la scelta se la tira dietro la rima, come succede in una strofa di *Il mio pensiero*:

Cosa c'entra questo cielo lucido
Che non è mai stato così blu
E che se ne frega delle nuvole
Mentre qui manchi tu...
...Così solo da provare panico
E c'è qualcun'altra qui con me
Devo avere proprio un'aria stupida
Sai com'è, manchi te.

«Le parole alla fine dei versi della prima strofa sono: "lucido", "blu", proseguendo poi con "nuvole", "tu" / ...e con lo stesso trend continuano le altre strofe ("domenica", "su", "musica", "tu"; "inutile", "più", "spettacolo", "tu"; "panico", "me", "stupida", "te"; "giovane", "tv", "comico", "tu"). Sdrucciolo tronco, sdrucciolo tronco... "Ma Ligabue lo sa?", mi chiedono ogni tanto i miei studenti. Certo che lo sa» (Matteo De Benedittis, "Cantami o dj").

Ci sono delle volte in cui limare, rimettere a posto la canzone è quasi una partita a scacchi; soprattutto perché c'è il solito problema di trovare parole tronche, cioè accentate sull'ultima sillaba. Non è una sfida: è proprio una sfiga. Se senti una canzone in inglese, vedrai che le frasi finiscono sempre con una parola accentata: il verso chiude – diciamo così – in altezza, invece che ripiegarsi. Bisogna semplicemente accettare la sfiga che nella nostra lingua, che è bellissima, quella possibilità è ai minimi.

Questo purtroppo è il grande limite che ha la lingua italiana nella struttura rock; questo e il fatto che, essendo "rotonda", fatica a dare il senso ritmico che è proprio dell'inglese ed è così importante in quel genere. Non è un caso, d'altra parte, che il rock sia nato in America. Ormai da un po', quando scrivo le melodie, sto particolarmente attento a non lasciare troppo spazio alle tronche, perché so che altrimenti diventa difficilissimo scrivere senza ripetere quelle che ho già usato. E ti dirò di più: succede che alcuni colleghi mi chiedano di scrivere dei testi sulle loro canzoni. La prima cosa con cui le misuro è che sono quasi sempre di quella specie: tutte tronche a fine verso. Allora dico: scusa, perdonami, ma non posso far niente per te; perché quello che potrei fare sarebbe solo scriverti un brutto testo.

Non è facile uscirne. Anche perché gli accenti cambiati un po' mi urtano. Li ho usati qualche volta anch'io: qualche volta sono stati necessari, perché proprio mi dispiaceva cambiare la melodia. Ma tante volte ho cambiato la melodia, pur di non avere gli accenti sbagliati. Forzando, quindi: perdendoci qualcosa dal punto di vista della melodia.

Una cosa che puoi fare quando non hai a disposizione le tronche è cavartela con le sdrucciole, vale a dire con le parole accentate sulla terzultima, come ho fatto – per l'appunto – quando ho scritto *Il mio pensiero*. È chiaro che la sdrucciola non ha lo stesso effetto della tronca: c'è sempre uno spostamento di accento, ma mi sembra accettabile.

«Il bisogno di poesia, bisogno assoluto e struggente negli anni della prima giovinezza, è stato soddisfatto da intere generazioni mandando a memoria parole e strofe di canzoni: ballate pop, testi psichedelici, neofuturisti, intimisti, sentimentali, onirici, politici, ironici, demenziali... il contesto rock ha prodotto i più grandi poeti degli ultimi decenni» (Pier Vittorio Tondelli, "Un weekend postmoderno").

Io non so se in passato la poesia fosse patrimonio popolare. A me sembra che sia sempre stato un territorio di nicchia, forse escludendo i poeti della beat generation, e quindi è difficile immaginarla per le masse. La canzone invece, essendo la riduzione del melodramma, è nata con l'intenzione di arrivare alla gente. Le differenze fra le due è inutile stare a ripeterle. Fortunatamente non c'è bisogno che ci sia poesia nella canzone, perché la canzone è bastante a sé stessa. Altrimenti si rischia di pensare che la canzone sia qualcosa di meno importante. No, è qualcosa di diverso: è l'uso di parole su delle musiche, e le due cose sono inscindibili. Per quello che riguarda lo stato attuale delle cose, è evidente che mentre le canzoni diventano parte della vita di molte persone – che le mandano a memoria, le ripetono, le usano a volte come frasi fatte, quasi come proverbi –, le poesie diventano parte della vita di un numero sempre più ristretto di persone, che le leggono e le assaporano in ogni aspetto con tempi molto più dilatati.

Quando è uscito il mio libro di poesie, ho scritto un messaggio al fan club in cui li avvertivo che le poesie arrivano dopo, ci vuole tempo. E il fatto di dedicargli tempo vuole dire fare qualcosa per sé stessi. In quella raccolta – *Lettere d'amore nel frigo* – c'è una poesia in rima e in metrica per ogni capitolo; tutte le altre sono in versi liberi. La scelta, poi, di non usare punteggiatura è stata fatta per spingere chi legge a fare ancora più attenzione per cercare il ritmo della poesia. Credo che quel libro abbia spiazzato molti di quelli che mi seguono. Ma curiosamente mi stanno arrivando – più adesso che all'epoca dell'uscita – messaggi di apprezzamento, o anche versi trascritti come a dire di una identificazione, a dichiarare che anche da quei versi alcuni di loro si sentono rappresentati.

In genere, quando faccio cose fuori dalla musica, uno spiazzamento finisco sempre per provocarlo. Non è che questo mi dia una particolare soddisfazione; anzi, mi dispiace, perché non è che faccio quelle cose per spiazzare: le faccio per esprimermi. Però capisco che, mentre la mia canzone si muove nel mainstream, tutto quello che ho fatto fuori dalla canzone se ne fregava di queste cose. I miei film, i miei libri si prendono la libertà di essere quello che sono. Anche quella di non essere capiti del tutto.

> *«Il rock è una forma d'arte in cui sono presenti musica e parole. Il rock non è musica con delle parole. La parola – una parola tutta da scoprire, e soprattutto da inventare – sta alla base di questo genere musicale, non meno di altri elementi» (Umberto Fiori, "Scrivere con la voce").*

È evidente per chiunque che la scrittura di un racconto è differente da quella di una sceneggiatura, che è differente da quella di una poesia, che è differente da quella di un romanzo, che è differente da quella di una canzone. Le mie avventure nei vari generi dovevano per forza metterlo in conto ogni volta. Ogni tanto, però, le cose si sono incrociate.

Quello che conta più di ogni altra cosa per me è il ritmo, il sound. D'altronde, credo che il proprio senso del ritmo sia una delle cose più difficili da spiegare. Quello che so è che ogni cosa che ho fatto, che ho pubblicato, partiva dal sound che avevo in testa.

Quando mi sono trovato di fronte agli attori di *Radiofreccia*, dovevo spiegargli come avrei voluto che recitassero: facile, no? Ho fatto quello che potevo fare: trasmettergli il sound di ognuno dei dialoghi. Poi alcuni – molti di loro, in realtà – avevano un proprio sound che già andava bene. Io per Freccia avevo in testa un ragazzo che avesse una corporatura più esile, più nervosa rispetto a quella di Accorsi. Facciamo i provini e mi dicono: forse dovresti provare anche lui. Dico: va beh, proviamo, vediamo. Lui in quel momento era ancora quello dello spot del maxicono: due gusti is meglio che uan... Comunque Stefano arriva e io, proprio appena lo vedo, dico: non è Freccia, fisicamente non è Freccia. Fatto sta che facciamo il provino e il provino consisteva nella lettura dei «credo»:

Credo nelle rovesciate di Bonimba, e nei riff di Keith Richards. Credo al doppio suono di campanello del padrone di casa, che viene a prendere l'affitto ogni primo del mese. Credo che ognuno di noi si meriterebbe di avere una madre e un padre che siano decenti con lui almeno finché non si sta in piedi...

Beh, mi è bastato che lo leggesse una volta. Freccia di colpo era lui. E io di colpo sapevo che con il protagonista non avrei avuto problemi d'intesa sul sound.

«Caro Luciano, ti do del tu, visto che abbiamo esattamente gli stessi anni. Ho chiesto di incontrarti, ma immagino che in questo periodo non ti sia facile trovare tempo e preferisco anticiparti via fax ciò di cui ti vorrei parlare» (Domenico Procacci, 3 luglio 1997).

Sono da sempre un appassionato di cinema. Ho avuto anche lunghe fasi di feticismo, in cui *dovevo* possedere i film, spesso con registrazioni su Raitre di notte. Quando Domenico Procacci ha letto *Fuori e dentro il borgo* e mi ha proposto di ricavarne un film, gli ho risposto che mi avrebbe fatto molto piacere, ma che non riuscivo proprio a vedere in quei racconti una storia per un lungometraggio. Secondo me c'è, e sarà una storia di provincia dell'Italia dei giorni nostri, fa lui. Poi mi chiede: ma non vorresti scrivere tu la sceneggiatura? Guarda, sono appassionato di cinema, per cui, sì, mi piacerebbe farlo; ma proprio non so come si fa, gli dico io (ben sapendo che la scrittura di una sceneggiatura è molto diversa da quella di un racconto). Beh – mi fa lui – intanto ti procuro degli esempi, ti faccio avere alcune sceneggiature e poi comunque il lavoro te lo farei fare con uno sceneggiatore. In questo caso – faccio io – ci posso provare. Quindi mi fa avere un po' di materiale e io a mia volta comincio a comprarne e a leggerne molto altro ed entro nel clima di una scrittura che è tutta a sé.

Così, dopo qualche tempo lo chiamo e gli dico: guarda, Domenico, non c'è una storia di provincia dei giorni nostri, almeno io non ce la vedo. Però una storia c'è, ed è quella di un gruppo di ragazzi e di una radio che apre in maniera pionieristica negli anni Settanta. Ma anche la storia di un ragazzo che fa parte del gruppo e riesce a essere tossico fino all'ultimo senza tirar dentro nessun altro; tossico anche di un amore così potente che la sua dipendenza da questo amore – non più corrisposto – gli fa riprendere la dipendenza dall'eroina. Hai ragione, quella è una storia che si può raccontare, fa lui. E così abbiamo cominciato a sceneggiarla.

La scrittura della sceneggiatura è una scrittura molto "pratica" in cui, se verrà rispettata alla lettera dal regista, ogni parola di dialogo, ogni descrizione d'ambiente, ogni azione diventeranno immagini e suono, fotogrammi. Può succedere che si ricavino brutti film da belle sceneggiature, ma di certo non si possono ricavare bei film da brutte sceneggiature.

È incredibile quanto un film, che sullo schermo è finzione e sogno, nella sua realizzazione sia una cosa assolutamente concreta, solida e appunto pratica. La sceneggiatura deve fare i conti con tutta quella concretezza e con tutti gli aspetti legati alla realizzabilità (soprattutto economica) di ogni scena del film.

Prima di decidere di fare il regista, mi sono massacrato di dubbi per due mesi. Mentre scrivevo la sceneggiatura – che intanto stava convincendo un po' tutti: ci piaceva, piaceva a chi la stava leggendo – con Procacci facevo: dai Domenico, a chi lo fai girare? sono curioso: chi hai in testa? Mah, ho in testa un paio di idee – faceva lui – però prima voglio avere a fuoco tutto. E poi, a un certo punto, lui se n'è uscito con la cosa che mi ha incastrato: guarda Luciano, come diceva non ricordo più chi, il film è la visione di una persona sola e di questo film chi ha la visione sei tu. E non faceva una piega. Lì per lì lo insultai, perché mi aveva già inoculato il virus del dubbio. Ho 38 anni e mi chiedono di girare un film di cui so tutto; girare un film io, che gli unici set che ho frequentato erano quelli dei miei video e per di più di qua della telecamera; e queste non sono neanche telecamere, sono camere vere, sono macchine da presa: è pellicola, non è digitale... Dico di no e per il resto della vita mi dico «certo che quella volta là...» oppure accetto e vado incontro a non so che cosa?

«Guardando i suoi film era evidente che quest'uomo aveva riflettuto sugli strumenti della propria arte più di tutti i suoi colleghi; se avesse accettato, per la prima volta, di rispondere a un insieme sistematico di domande, si sarebbe potuto scrivere un libro in grado di modificare

l'opinione dei critici americani» (François Truffaut, "Il cinema secondo Hitchcock").

E allora mi sono messo a studiare. Leggendo per esempio l'intervista di Truffaut a Hitchcock – che didatticamente è fantastica – e poi altro materiale di e su Truffaut, che nel raccontare il suo cinema lasciava passare anche la sua parte di giornalista critico: la sua esperienza del fare cinema la raccontava anche un po' dall'esterno. Ovviamente non volevo girare come Truffaut, ma vedere come lui risolveva via via delle scene mi permetteva di interrogarmi su come avrei potuto fare io con le mie. Per esempio: okay, come girare la scena dei «credo» di Freccia, che sicuramente sarà un momento centrale del film? Beh, intanto lui dovrà essere nudo, perché si mette a nudo; però come faccio a denudarlo ancora di più? Faccio dei movimenti di macchina come se fossero a sbucciarlo, come se fosse un frutto.

Poi, per dirti, non volevo che si pensasse a *Radiofreccia* come a un ritratto generazionale, perché ci tengo sempre a una forte specificità in quello che dico: e quello era un film specifico, su una storia specifica, successo in un posto specifico in un momento specifico. E allora, per ricordare allo spettatore questa cosa, non facevo altro che mettere la macchina a terra: ci sono tantissime riprese con la macchina a terra, per far sentire il terreno in cui si stava sviluppando la storia. Oppure – al contrario – riprese dall'alto, in cui schiacciavo i personaggi nel terreno; li fissavo nel loro contesto, per dire: questa è la zona delimitata in cui si svolge questa cosa. L'ultimo dei pensieri che avevo era come poter dimostrare uno stile di insieme: per me il problema era come ogni scena – da un punto di vista emotivo e dell'avanzamento della storia – potesse essere risolta.

«Con i voti cominciano appena nasci, se vieni fuori con tutti i pezzi a posto, se piangi abbastanza forte e se sei sopra i 4 chili ti puoi beccare persino un 10, altrimenti giù a scalare» ("Da zero a dieci").

La regia, comunque, è stata decisamente più difficile della sceneggiatura. Molto di più. Quella di *Radiofreccia*, poi, una delle esperienze mentali più faticose della mia vita. Il numero di aspetti che devi affrontare prima di ogni inquadratura è impensabile fin quando non vivi quell'esperienza. Lo scenografo che ti chiede del set, il direttore della fotografia che ti chiede delle luci e del posizionamento o del movimento della macchina da presa, la costumista che ti chiede lumi rispetto ai dettagli che indossano gli attori, l'aiuto regia che vuole sapere come gestire figuranti e comparse, l'attore che vuole chiarimenti sull'atteggiamento del suo personaggio in quella scena...

Insomma, di base fare il regista vuol dire soprattutto giorno per giorno portare a casa una serie di inquadrature, prendendo centinaia di decisioni; tante volte all'ultimo momento, perché anche se hai preparato per tempo la scena e il set, comunque ci sono tanti piccoli dettagli che escono all'ultimo minuto, e tu dovrai dire sì o no. E quelle scelte finiranno nel film.

Ho faticato molto meno a girare *Da zero a dieci*, nonostante fosse un film molto più complesso, perché eravamo a Rimini in piena stagione e io tante scene le ho dovute girare direttamente da dentro un caravan, con un monitor, dando delle indicazioni per radio, perché fuori non ce la facevo: era pieno così di gente, di curiosi che – mentre cercavo di concentrarmi sulle riprese – venivano a chiedermi l'autografo o la foto. Era più difficile, ma era il secondo.

«Se almeno tre delle prossime dieci macchine che l'avessero superato fossero state bianche, avrebbe preso il raccordo per Ravenna. Niente, solo una. Si tirava dritto. Se tre delle prossime sette fossero state guidate da una donna, si sarebbe fermato sulla riviera romagnola. No, soltanto due. Proseguiva» ("Ristretto vuol dire ristretto", nel "Rumore dei baci a vuoto").

Tra i racconti che ci sono nel *Rumore dei baci a vuoto*, uno viene da un film. *Ristretto vuol dire ristretto*, infatti, parte da una cosa che ho tagliato dalla sceneggiatura di *Da zero a dieci*. In quel film ci sono quattro ragazzi che vanno sulla riviera romagnola per rievocare un weekend drammatico di vent'anni prima, in cui avevano flirtato con quattro ragazze mentre aspettavano l'arrivo del loro quinto amico che non arriverà mai, perché resterà vittima della strage di Bologna. Questi quattro ragazzi – proprio in conseguenza di quell'evento – sono persone scomode, difficili, tutt'altro che compiacenti: sono rimasti incastrati negli effetti di quella morte che era anche la morte di un periodo. Cercano disperatamente di chiudere quella pagina, vent'anni dopo, con effetti alla fine opposti alla loro intenzione.

In sceneggiatura avevo messo, per raccontare le loro caratteristiche, per far capire quanto fossero proprio rompicoglioni, tutto quello che poi fa una persona sola in *Ristretto vuol dire ristretto*. Una cosa politicamente scorrettissima, cioè andare a rompere i coglioni a chi sta sudando in agosto dietro a un bar o facendo il custode dei cessi o facendo il cassiere in uscita a un autogrill. Quella scena non potemmo girarla per una serie di complicazioni di produzione, fra cui c'era anche il fatto che era molto difficile affittare un'area di servizio in cui poterla girare: quelle devono essere sempre aperte, ovviamente. E alla fine non la girammo. Però mi era rimasta sempre qua questa cosa, per cui a un certo punto ne è venuto fuori questo racconto, molto diverso dagli altri del *Rumore dei baci a vuoto*.

> *«Ancora una volta / hai avuto l'ultima parola / cercando di non sporcare / non suonando mai / il campanello del reparto / confessando alla suora / e bestemmiando fino in fondo / che non ti andava di morire / e poi zittirci che avevi sonno / proprio nel giorno della madonna» ("Il guscio rotto", in "Lettere d'amore nel frigo").*

Sempre nel *Rumore dei baci a vuoto*, c'è un racconto che – come in una poesia che avevo già pubblicato – riprende il tema della malattia e della morte di mio padre: la poesia s'intitola *Il guscio vuoto*, il racconto *Lo vuole vedere?* e nasce da un'esperienza che, anche se sembra assurda, ho vissuto veramente. Ho saputo della malattia di mio padre mentre giravo *Da zero a dieci*, e lui è morto mentre ero in postproduzione del film. *Da zero a dieci* ha diversi difetti, ma uno dei più evidenti è che se da un lato voleva essere un film che urtasse un po', tutt'altro che rassicurante, con personaggi con cui non entrare troppo in empatia e un senso di morte che aleggiava durante tutta la storia; dall'altro, il periodo personale che stavo vivendo mi ha fatto scappare un po' la mano e quel senso di morte è diventato a un certo punto eccessivo e difficilmente sostenibile. Tutta la parte finale della morte di Libero è talmente cupa, talmente disturbante, con questo rito quasi cannibalesco della gente che sembra lì pronta a nutrirsi della morte di qualcuno.

È che la biografia, che ti piaccia o no, entra sempre nelle cose che fai come artista. Mentre giravo *Radiofreccia* è nato mio figlio Lenny. Non è un caso allora se in quel film, in cui comunque il protagonista muore, c'è molta vitalità.

> *«La piccola valigia di cartone / ci tenevi i rossetti finti / il fracasso dell'erba che cresce / le confidenze del rivolo / l'incisione fucsia delle azalee / ci tenevi un astuccio di gemme / e la chiave del cespuglio» ("Cosa non mettere in valigia", in "Lettere d'amore nel frigo").*

Dalla poesia alla canzone. Questa cosa è successa solo per una delle poesie del libro, che si intitola *Cosa non mettere in valigia* e poi è diventata *Il peso della valigia*. Perché quella sì e le altre no? Perché in quella ci ho sempre visto una canzone. Diciamo che in quel libro dentro a ogni capitolo c'è una canzone *in nuce*: nel senso che tutte le poesie in metrica e in rima basta musicarle e ce le hai già pronte. Lì – e solo lì – però io ci ho sempre visto una canzone. Forse per via delle immagini che raccontavano il percorso di questa ragazza. Dalla sua primissima infanzia fino ad arrivare da me, portandosi dentro la valigia un fardello apparentemente sempre più pesante. E via via le esperienze che faceva rendevano ancora più pesante quella valigia: le allungavano le braccia, le piegavano un po' la schiena. Anche se poi, quando lei alla fine apre la valigia, scopre che in realtà dentro c'erano soltanto «quattro farfalle dure a morire». Evidentemente avevo voglia di dare visibilità a questa storia. Metterla in canzone voleva dire farla conoscere a molte più persone rispetto a quante l'avrebbero letta nella sua forma di poesia.

Nel passaggio dalla poesia in versi liberi alla canzone i cambiamenti sono inevitabilmente tanti. E infatti mi piace pensarle come due cose autonome, indipendenti, non più legate l'una all'altra. Dal punto di vista musicale, per lasciare spazio alle parole ho dovuto usare una formula un po' da cantautore: le strofe, in particolare, hanno una melodia molto ristretta, per poter permettere l'uso di tutte quelle parole. Poi, per avere un po' di dispiegamento di melodia, ho scritto il ritornello:

E sole, pioggia, neve e tempesta
Sulla valigia e nella tua testa,
E gambe per andare e bocca per baciare.

«La più potente delle tentazioni provocata dal ritornello della canzone popolare è avvolgersi, come in un vecchio cappotto, nella situazione che ci ricorda» (Walter Benjamin, "Qualche idea sull'arte popolare").

Ritornello, se ci pensi, è proprio una parola che sa di popolare. Intanto per la sua intenzione: *ritornello* vuol dire una cosa che si ripete, che ritorna appunto, ed è necessario che lo faccia perché la gente deve ricantarlo. E poi *ritornello* ti fa pensare a qualcosa di sbarazzino, non a qualcosa di impegnativo. La canzone è uno strumento potente e leggero, che se ne sbatte di qualsiasi tipo di barriera sociale, che riesce ad avere una valenza riconosciuta dagli intellettuali e nel frattempo viene fischiettata da chi certo non si pone il problema di farne un'analisi: semplicemente la fischia, quindi non ne canta neanche le parole.

Ultimamente mi sembra che la canzone sia un po' maltrattata, perché comunque è maltrattata in genere la musica, è maltrattato un po' il modo in cui viene ascoltata. È regalata, sembra non avere valore da un punto di vista economico: perciò rischia di averne meno anche da un punto di vista affettivo. Insomma, non è il migliore dei momenti per far sì che le canzoni rifulgano di chissà quale luce. Ma, nonostante questo, la gente dimostra di averne ancora bisogno, perché continua ad ascoltarle e forse ne ascolta – casomai in maniera più distratta – anche più che in passato.

Io, come vedi, ho provato a darti delle definizioni. Però queste definizioni non svelano certo il mistero delle canzoni: per quanto chi le studia voglia carpirne i segreti, si deve rassegnare al fatto che non è possibile. E io dico: per fortuna. È proprio perché questi misteri non sono svelati che ci si muove come si può, facendo del proprio meglio e incrociando le dita. Questa è una possibilità che continua a sollecitare tutte le mie migliori intenzioni e continua a mettermi nella condizione di inseguire la risoluzione del mistero, sapendo che fortunatamente non lo risolverò mai.

Bonus track

2013. L'album

Siamo chi siamo
siamo arrivati qui come eravamo
abbiamo parcheggiato fuori mano
si sente una canzone da lontano

Siamo chi siamo

Io in genere non mi metto mai ad analizzare le mie canzoni e tantomeno a trovare delle caselle in cui inserirle. È quando me lo chiedono, come in questo caso hai fatto tu, che mi forzo a farlo. Improvvisando, diciamocelo pure.

Da *Fuori come va?* in poi, ho smesso di cercare un concept per ogni album che unisse le canzoni che ne avrebbero fatto parte. La scelta si basa su altre sensazioni, non più su un unico concetto unificatore. Poi, ad album finito, siccome – come dicevo – mi viene inevitabilmente chiesto che cosa tiene insieme le canzoni, provo a chiedermelo anch'io.

A volte questo mi fa trovare il titolo all'album. È successo così anche in questo caso.

Perché, cercando di tirare le fila del disco – sempre considerando che le dodici canzoni sono così diverse fra di loro –, la cosa che sembra emergere è la mia visione del mondo.

Visione che passa attraverso le convinzioni (*Sono sempre i sogni a dare forma al mondo*), l'identità (*Siamo chi siamo*), la vitalità (*Con la scusa del rock'n'roll*; *Nati per vivere*), il superamento del dolore (*La terra trema, amore mio*; *Ciò che rimane di noi*), l'amore (*Tu sei lei*; *La neve se ne frega*) o la negazione dell'amore (*Il volume delle tue bugie*), la memoria (*Per sempre*) e l'indignazione (*Il muro del suono*; *Il sale della terra*).

È un percorso che si può fare anche "geograficamente", volendo: che parte da me (*Siamo chi siamo*; *Sono sempre i sogni a dare forma al mondo*; *Con la scusa del rock'n'roll*; *Nati per vivere*; *Ciò che rimane di noi*), per allargarsi poi alla coppia (*La neve se ne frega*; *Tu sei lei*), quindi alla famiglia (*Per sempre*), quindi a una regione (*La terra trema, amore mio*) e infine a una nazione (*Il sale della terra*; *Il muro del suono*). Sempre in un preciso periodo storico.

Quello che mi sembra di notare è che sul personale entriamo in uno specifico maggiore, perché *Per sempre* è più specifica del solito rispetto ai racconti sulla mia vita familiare, *Tu sei lei* è ancora più specifica rispetto alle altre canzoni d'amore che ho fatto finora. E canzoni come *Il sale della terra* e *Il muro del suono* sono più dirette di altre con cui in passato ho provato a raccontare un po' del nostro paese.

Tempo è una delle parole che più rientra nelle mie canzoni da sempre, perché contempla troppe possibilità per non usarla. A volte mi sembra addirittura un sinonimo (imperfetto, certo) di *vita*, ma è anche qualcosa che ha a che fare con la musica stessa (il bpm, il ritmo, il tipo di tempo). Quindi il fatto di prendersi il proprio tempo, come in *Sono sempre i sogni a dare forma al mondo*, lo puoi intendere sia da un punto di vista musicale sia da un punto di vista esistenziale. Ma soprattutto *tempo* è in qualche modo sinonimo di *memoria* (anche qui non un sinonimo perfetto, siamo intesi). A causa della mia natura malinconica, ho uno sguardo spesso puntato sul passato. Però cercando non tanto di fare confronti, quanto di andare a prendermi l'emozione che mi produce il ricordo di un periodo, di una situazione.

Mi piacerebbe che le canzoni e il suono di questo album dessero una sensazione di verità. Io sicuramente ho ricercato il suono più vero possibile. Ma, come sempre, ognuno ne ricaverà le proprie sensazioni.

Come vedi, mi metto perfino qui con te a fare l'analisi di ogni parola di ogni canzone, che è una delle cose peggiori che a una canzone si possano fare. Però mi piace pensare che il mio grado di esposizione si spinga anche fino a qui: fa un po' parte della mia natura, dell'impegno che mi piace assolvere nei confronti di chi mi segue. Se questo rientrerà nel concetto di verità, non posso che esserne contento.

Il muro del suono

Il muro del suono è il fenomeno fisico di quando gli aeroplani raggiungono o superano la velocità del suono. Poi era un metodo produttivo di Phil Spector, che è stato il produttore di tanta musica soul, ma anche di John Lennon e di tanti altri. Qui, però, il *muro del suono* è soprattutto la sensazione che ci sia una sorta di caos: un rumore di fondo che ci imprigiona, ci ingabbia, non ci permette di ascoltare. Ho dato un po' sfogo alla mia indignazione, tenendomi una possibilità aperta nei ritornelli.

Musicalmente è un pezzo rock che ha l'ambizione di suonare sia classico che attuale. Ci sarà riuscito?

«Il cerino sfregato nel buio fa / più luce di quanto vediamo».

L'idea del buio fa un po' il paio con quella del muro del suono: tanto rumore (non solo per nulla ma anche...) per non vedere niente.

Viviamo in tempi bui. E credo proprio che il famoso concetto di vedere una cosa sotto una luce diversa sia molto più che una frase fatta. Risponde anche a un fenomeno fisico: quando tu veramente riesci a vedere su una data cosa una certa luce che di solito non vedi – a me succede –, allora è come se ne vedessi una maggiore "vitalità". Il contrasto tra buio e luce, banalizzandolo, è anche un contrasto tra morte e vita. Oppure tra morte apparente e non comunicata ancora ufficialmente e vita vissuta come la si vorrebbe.

Qui mi piaceva descrivere l'atto di sfregare il cerino (che è una cosa che non si fa più, tra l'altro) come un atto importante, pur nella sua breve durata e forse anche nella sua relativa efficacia. Quella luce, anche se fioca e apparentemente effimera, alla lunga e unendo le forze potrebbe cambiare la situazione. È un invito, ovviamente: un invito a sfregare i propri cerini.

«Il vampiro non cambia / pistola alla tempia / non chiede scusa per tutto quel sangue».

La storia ce l'ha insegnato: chi succhia denaro, potere e fiducia al prossimo, casomai si ricicla in mille modi, ma non cambia mai la sua natura di vampiro.

«Chi doveva pagare non ha mai pagato per la carestia / chi doveva pagare non ha mai pagato l'argenteria / chi doveva pagare non ha mai pagato».

È una delle punte più amare della canzone, ma purtroppo vera: chi doveva pagare non ha mai pagato.

Il volume delle tue bugie

È una canzone sugli effetti della disillusione. La ragazza a cui mi rivolgo è una che dopo qualche delusione d'amore si convince di poterne fare a meno, di chiudere quel capitolo: «niente amore niente guasti».

«I tuoi salti nel tuo vuoto / dici tu: meglio di niente / troppo sola troppe volte / troppe volte troppa gente».

Lei confessa il suo distacco quasi con orgoglio. Si è fatta furba, pensa: non si farà più fregare. Musicalmente, spicca una cassa in quattro che produce un movimento dance anche se il pezzo dance non è.

«Ed è sempre troppo alto / e non riesci ad abbassarlo / è una certa garanzia / il volume delle tue bugie / quelle pagine bruciate / i capitoli strappati / è una vecchia antologia / il volume delle tue bugie».

Nella parola *volume* c'è il significato riferito al suono, quello di quantità (la massa delle tue bugie) e sicuramente anche quello di libro: il libro di bugie che lei per anni ha scritto, fino a farne «una vecchia antologia».

«Ce la fanno solo i duri / che chi spera si fa male / e tu oramai sei dura dentro».

È una reazione abbastanza comune, quella d'indurirsi pensando di ripararsi così dalle prossime ferite. Peccato che non funzioni.

Il sale della terra

Il sale della terra parla di una crisi che non è solo economica, ma sociale e di comportamento. Ha a che fare con il bisogno di potere, con le conseguenze prodotte da chi vuole conquistare il potere a ogni costo e a ogni costo mantenerlo. È una crisi talmente drammatica che non sono riuscito a non raccontarla in una canzone: in genere non lo faccio.

> *«Voi siete il sale della terra; ma se il sale diventa insipido, con che cosa gli si renderà il sapore?» (Matteo, 5:13).*

È evidente che l'immagine del Vangelo di Matteo qui è usata proprio per contrasto.

> *«Siamo la sorpresa... / siamo la risata... / siamo la promessa... / siamo la chiarezza...».*

Potrebbero sembrare vocaboli positivi, ma di certo cambia tutto se si legge la frase fino in fondo. Perché «siamo la sorpresa dietro ai vetri scuri» a me inquieta immediatamente; «siamo la risata dentro il tunnel degli orrori» è un'immagine agghiacciante; «siamo la promessa che non costa niente» è chiaramente la promessa elettorale: non costa niente promettere per non mantenere. Anche «siamo la chiarezza che voleva molta gente» fa un po' rabbrividire: molte volte a tanta gente è stata semplicemente messa di fronte un'immagine chiara per potere strappare il consenso e il potere che ne deriva.

> *«Siamo il capitano che vi fa l'inchino / siamo la ragazza nel bel mezzo dell'inchino / siamo i trucchi nuovi per i maghi vecchi».*

Per la prima volta da quando scrivo, uso la stessa parola in chiusura di due versi consecutivi. La parola è *inchino*, e nel primo verso si abbina al capitano per quel famoso fatto di cronaca. L'*inchino* della ragazza, nel secondo verso, fa riferimento allo stesso incidente.

Musicalmente è un pezzo rock, piuttosto muscolare, in minore (per risultare più drammatico) e con alcuni elementi di elettronica.

La neve se ne frega

Questa canzone nasce da un progetto che non è andato in porto. Un gruppo di ragazzi – fra cui quelli che ne hanno ricavato una graphic novel – ha tentato di realizzare un film d'animazione sulla *Neve se ne frega*. Mi sarebbe piaciuto tantissimo, anche perché un film vero in Italia non lo si può ricavare da una storia del genere: non è possibile, non c'è il budget. Quando quei ragazzi mi contattarono, mi chiesero se volevo collaborare e io dissi: posso darvi la canzone per il film. Dopo di che il progetto, purtoppo, saltò. Però la canzone l'ho scritta e mi piace e volevo che uscisse comunque.

Una ballad morbida con la melodia, nelle strofe, molto a servizio del testo.

«Fatti solo vicina che tanto / la neve lei se ne frega».

Quello è un romanzo d'amore. I due protagonisti, DiFo e Natura, vengono a sapere che – in una società in cui sono costantemente monitorati – quando nevica possono sfuggire al controllo. Basta stare sotto la neve. Ne approfitteranno per dirsi tutto quello che non si sono potuti dire per tutta una vita.

La canzone parte ovviamente da quella situazione, ma si sviluppa in un contesto attuale: due persone innamorate sotto la neve, con tanta voglia di pulizia: la pulizia che la neve sembra portare; tanta voglia di ammorbidimento: la neve arrotonda gli spigoli. E allo stesso tempo è una scena immersa nel gelo: quello di un periodo, di un'epoca.

In quella situazione, i due si dichiarano che hanno intenzione di fare le cose *per davvero*: «parlami davvero, sentimi davvero, baciami davvero».

«Io ti guardo negli occhi / e vedo lontano / il tempo che ho perso / ... / io ti guardo negli occhi / hai le ciglia bagnate».

Considerando che sempre di più sostengo che il mondo è come ognuno lo vede, è chiaro che sempre di più l'immagine degli occhi si riferisce a quello. Non a caso, *occhi* è un'altra di quelle parole che è finita nel range delle più usate nelle mie canzoni.

La terra trema, amore mio

Non è un caso se la canzone non si chiama soltanto *La terra trema*, perché credo che una parte della ricostruzione passi da lì, dall'amore. La canzone chiude con: «tu che hai bisogno di me, che ho bisogno di te». Sai che ci dev'essere una ricostruzione concreta, fisica – della tua casa, delle cose che ti circondano –, però ci deve essere soprattutto una ricostruzione esistenziale.

«Tu guarda nei miei occhi / e trovaci un domani / e appena avrai finito / prova a raccontarmelo, se puoi».

È lui a dirlo a lei: mi piaceva mostrarne la fragilità, il bisogno di venire rassicurato dalla propria donna.

Musicalmente è un pezzo dall'atmosfera piuttosto diradata.

«Sembra un impeto d'inferno / che non vuol stare più coperto / venuto su a mangiarsi tutto / a bocca aperta».

Quando tu vivi un'esperienza così potente, che ti colpisce alle spalle, e quando quest'esperienza ti mette nella condizione di non poter proteggere i tuoi cari e di non sentirti sicuro nemmeno più a casa tua, è chiaro che nasce un nuovo senso di precarietà: nuove paure, nuovi sguardi sulla vita.

«La terra trema... / i figli van tenuti in braccio / ... / ma quanto trema... / si deve togliere un capriccio».

Qui l'effetto del suono – quella specie di onomatopea creata da *tr* e *br*, da *tr* e *pr* – è venuto in maniera inconscia. Nel senso che le parole forse sono emerse anche con quella funzione sonora, ma di sicuro non le ho cercate io a tavolino.

Tu sei lei

Tu sei lei è una dichiarazione d'amore di tipo definitivo.

«Vuoi nascondermi i difetti, / mentre a me piacciono tutti».

Non ho conosciuto donne che non si riconoscessero difetti fisici: non mi è mai capitato. È, direi, un fatto antropologico. E in genere non le rassicura più di tanto che tu dica che per te quelli non sono difetti. Io lo faccio lo stesso.

«Non finisco di capire / non finisci di stupire / come non dovesse mai finire / ... / Come a dirmi io ci sono / come a dirmi sarò sempre qua».

Quando si è sentimentalmente coinvolti, viene da pensare – sperare – che le cose restino immutabili. In questo caso c'è una constatazione che mi sembra importante: «dopo tutti questi anni, io non smetto di guardarti». Quindi qualche aspetto che non è cambiato più di tanto in effetti c'è.

Con la scusa del rock'n'roll

Tutta la canzone dice che grazie alla scusa dell'aver sognato il rock'n'roll, e poi di averlo fatto, io ho potuto inseguire quell'intensità di cui abbiamo tanto parlato.

«E la mia stanza prendeva fuoco / che certi dischi tiravan su / anch'io bruciavo / che poi quando uscivo / pensavo solo a / non morire più».

Nella prima parte si parla di ascolto, della promessa che sa fare il rock'n'roll.

«La mia chitarra la malmenavo / canzoni chiuse però laggiù / io continuavo / che poi quando uscivo / cercavo solo / di non morire più».

Poi c'è la parte legata al farlo, il rock'n'roll, sempre seguendo quella linea e mettendoci in mezzo – anche dopo tanto tempo – i vecchi sogni. Ovviamente aggiornati, con un upgrade che deriva dalla vita che ho vissuto nel frattempo.

In un paio di punti alludo a duc mic canzoni in cui si

parlava di rock'n'roll: *Sogni di rock'n'roll* («i vecchi sogni in una nuova versione») e *In pieno rock'n'roll* (in cui c'era già l'immagine della «vita in sala d'aspetto»). *Con la scusa del rock'n'roll* vuole chiudere il trittico con uno sguardo forse più divertito e, sicuramente, più formato dall'esperienza: sappiamo che facendo rock'n'roll si resta tardoadolescenziali più a lungo, si cerca per forza di vivere sopra le righe.

Anche se il rock'n'roll come genere non sta vivendo momenti esaltanti negli ultimi anni, mi piace sempre la *mia* idea di rock'n'roll. L'idea di essere sfacciati, di urlare senza pudore le proprie emozioni e di celebrare la vita. Queste sono le cose per cui il rock'n'roll è nato: *rock'n'roll* in gergo sta per "trombare"; quindi anche da questo punto di vista è una celebrazione della vita, se non altro della riproduzione...

«It's only rock'n'roll, but I like it, like it, yes I do» (Rolling Stones).

È un modo di intendere le cose per cui, più che preoccuparti di quanto sia lunga la tua linea della vita, t'interessa quanto sia larga; e allo stesso tempo dici: però se è sia larga che lunga è meglio. Se *Sogni di rock'n'roll* è naïf, se *In pieno rock'n'roll* è la certificazione del sentirsi dentro a una cosa, qui quella cosa è vista anche con un po' di tenerezza. Io sono contento che il rock abbia prodotto in me questi effetti, anche se non lo vedo più con la furia con cui lo pensavo in passato.

«Cercando di ballare sopra i ricordi».

Come ho detto molte volte, la musica non è mai un caso nelle canzoni. Questo pezzo apre con un riffettone allegro ma potente di chitarra e il ritornello sfoga con degli «oh oh oh» che sono totalmente leggeri e sfacciati, che hanno voglia semplicemente di portare vitalità, energia.

«Ho detto cose che potevo non dire / e fatto cose che potevo non fare».

Qua – come sempre quando mi capita, e son contento che mi capiti – apro almeno due interpretazioni. Una è che quelle cose potevo non dirle nel senso di "potevo risparmiarmele". L'altra è che sarebbe potuto capitare che non le dicessi: meno male che il rock'n'roll mi ha permesso di dirle. Nell'ascoltare, ognuno sceglierà l'interpretazione che preferisce.

Ciò che rimane di noi

Questa è una canzone relativa a un lutto. E quando fai le riflessioni su un futuro che non può più essere – perché quel lutto ha interrotto quell'idea di futuro –, pensi anche alle cose per come *non* sono andate, per come *non* sono successe. Tutta la canzone si aggancia al dolore che questa cosa ha prodotto: all'indomani di un lutto, ciò che rimane di te – nel tempo – è quello su cui poi arrivi a poter contare, a dover contare. Ciò che rimane di te, o di noi, come in questo caso.

«Quando sai com'è l'abisso / non sei più lo stesso / ti tieni un po' più stretto / a chi ti tiene stretto».

Qui, per rendere il senso di paura e di smarrimento, a un certo punto usavo – nella parte dove adesso si parla dell'abisso – la metafora del terremoto. Poi è successo che il terremoto è arrivato veramente e la canzone sembrava proprio riferita a quell'evento, mentre così non è mai stato. Per cui ho tolto tutte quelle parti che all'epoca avevano una funzione solo metaforica. Tanto più che sul terremoto, in quest'album, c'è già un'altra canzone.

«È un Natale molto duro / a luci quasi spente».

Il riferimento al Natale, in realtà, si spiega col fatto che era una ricorrenza vicina al lutto. Poi è ovvio che se scelgo di usare questa immagine in una canzone, allora diventa subito simbolica. «Un Natale molto duro» è l'esatto contrario di ciò che dovrebbe essere. E infatti in questo caso non c'è nessuna festa. Alla fine, ciò con cui potrai affrontare il tuo dolore è quello che rimane dopo che il dolore ha fatto fuori una parte di te.

«In questa lotteria / a volte paghi molto / rispetto alle tue colpe».

Lotteria vuole avere lo stesso significato di destino. Però ha il pregio di essere tronca.

Per sempre

Ci sono delle immagini, delle istantanee che diventano eterne, senza tempo. Sono cose destinate a farti compagnia per tutta la vita: fotografie che non hai bisogno di una macchina o di un telefonino per scattare.

«Mio padre che mi spinge a mangiare / ... / e lei che non si lascia afferrare / ... / mia madre che prepara la cena».

Diciamo che è una specie di triade degli affetti: il padre, la madre e le donne che hai amato in un certo momento. Musicalmente, è una via di mezzo fra una ballad e un mid-tempo con una ritmica hip-hop.

«Mia madre che prepara la cena / cantando Sanremo / carezza la testa a mio padre / gli dice vedrai che ce la faremo».

I miei erano totalmente presi dal liscio, ma anche dalla canzone popolare. Le canzoni, più di ogni altro tipo di musica, diventano la colonna sonora della vita delle persone. Credo che non se ne possa fare a meno, io almeno non potrei.

NATI PER VIVERE (ADESSO E QUI)

Questa canzone è nata da un moto di fastidio per tutte le canzoni, e sono tante, che in maniera esplicita o indiretta dicono, in fondo, che «siamo nati per morire». L'ho sempre vista come una posa assunta da chi, grazie a quelle canzoni, vive poi da rockstar.

Non so quanto alla fine quell'atteggiamento combini dei guasti – perché dipende in quanti ci si riconoscono –, ma in ogni caso mi son detto: adesso ne faccio una che dica proprio l'opposto.

«Ciò che è andato storto adesso / non lo puoi cambiare».

La canzone è nata da quel pretesto e musicalmente è viva, allegra. Volevo proprio che ci fosse questa leggerezza: se parliamo sempre di sinonimi larghi (non di sinonimi perfetti e precisi), per me *leggerezza* a sua volta è un sinonimo di *vitalità*. Questa canzone doveva avere – da un punto di vista musicale – esattamente queste caratteristiche, pur raccontando anche la fatica del vivere, le garanzie che non ti vengono date, le promesse non mantenute. Nonostante tutto, siamo «nati per vivere, adesso e qui».

«Ogni giorno è un altro giorno / altro che domani».

Questa canzone è una delle poche – in tutta la mia storia – che oltre al titolo principale ha un altro titolo fra parentesi, perché il concetto è completo solo con quella frase: «adesso e qui». Io lo ripeto più che posso, soprattutto per ricordarlo a me stesso. È una cosa che ha una funzione non lontanissima da *Leggero*: una cosa che ho bisogno di ricordarmi, perché è molto difficile metterla in pratica. Pochi di noi riescono a raggiungere uno zen tale per cui davvero riescono a vivere la vita nella pienezza della presenza, nel momento.

Siamo chi siamo

Siamo formati da tante cose, tra cui anche le poesie che ci hanno fatto imparare a memoria a scuola (qui cito un verso di Dante e uno di Carducci), ma anche dal «prezzo di una mela per Adamo», dal fatto che «un giorno c'hanno attaccati al seno» e un altro giorno invece «c'hanno rovesciato il vino».

Un pezzo pop-rock molto aperto.

«Conosco le certezze dello specchio / e il fatto che da quelle non si scappa / e ogni giorno mi è più chiaro / che quelle rughe sono solo / i tentativi che non ho mai fatto».

Qualcuno ci potrà vedere una specie di Dorian Gray all'incontrario: qui le rughe non finiscono in un altro ritratto, io le vedo sempre quando mi specchio, le porto tutte sulla mia pelle. In realtà, volevo semplicemente arrivare a dire quella cosa: le rughe che ho sono i tentativi che non ho fatto. Di certo nella vita non facciamo tutto quello che ci viene in mente, e quindi spesso è facile poter fare i conti con quello che non si è fatto.

Sono sempre i sogni a dare forma al mondo

Mi piaceva chiudere il disco con una sorta di ossimoro: *Sono sempre i sogni a fare la realtà*. Un concetto che stride, e mi piaceva che fosse chiaro che non è una provocazione, ma è quello che penso. Credo che i sogni diano davvero forma al mondo: tutte le imprese, tutte le cose realizzate, qualsiasi cosa abbia plasmato il mondo nel quale viviamo è passata attraverso il sogno di qualcuno che poi l'ha realizzato. Oltre a questo, c'è il fatto che la nostra idea di realtà passa attraverso il nostro modo di vederla e quindi anche attraverso il modo di sognarla, a occhi aperti casomai.

> *«Io non lo so / quanto tempo abbiamo / quanto ne rimane / io non lo so / che cosa ci può stare / io non lo so / chi c'è dall'altra parte / non lo so per certo».*

Ci sono molte cose che non posso sapere, e qui ho provato a stilarne un piccolo elenco: almeno di quelle importanti da un punto di vista esistenziale. Però ci sono anche alcune cose che so. E fra queste che «ogni nuvola è diversa e nessuna è come te», che «ogni attimo è diverso e nessuno è come te», che «ogni lacrima è diversa e nessuna è come te». E poi so anche che «sono sempre i sogni a dare forma al mondo, sono sempre i sogni a fare la realtà». Questo è quello che so.

«Parliamo, e intanto fugge l'astioso tempo. Afferra l'attimo, credi al domani quanto meno puoi» (Orazio nella traduzione di Luca Canali).

«Ogni attimo è diverso» si riferisce – per l'ennesima volta – al fatto che, anche se non ce ne rendiamo conto, anche se non ci pensiamo, anche se ci sentiamo dentro a una routine, a dei riti che si ripetono in maniera noiosa, nella realtà – nella *realtà* – ogni attimo è diverso. Quello che te lo fa vivere uguale agli altri, quello che ti fa annoiare, è il tuo modo di reagire a quell'attimo. Ma l'attimo, di per sé, ogni volta è diverso.

«A giornata finita / a stanchezza salita / a salute brindata / provi a fare i conti».

«A giornata finita»: avvicinandoti al momento dei sogni. È ovvio che i sogni di cui parlo nella canzone non sono i sogni che si fanno quando si dorme, però mi piaceva pensare di mettere uno stacco temporale, come a prepararti a quel momento. Ovviamente quando fai i conti con la tua giornata – con le cose che sei riuscito a fare, o a non fare – è più facile metterti lì a prenderti il tuo tempo.

I testi integrali dei 12 brani

Il muro del suono

sotto gli occhi da sempre
distratti del mondo
sotto i colpi di spugna
di una democrazia
c'è chi visse sperando
e chi disperando
e c'è chi visse comunque morendo
c'è chi riesce a dormire
comunque sia andata
comunque sia

sotto gli occhi annoiati c
distratti del mondo
la pallottola è in canna
in bella calligrafia
la giustizia che aspetti
è uguale per tutti
ma le sentenze sono un pelo in ritardo
avvocati che alzano
il calice al cielo
sentendosi dio

c'è qualcuno che può rompere
il muro del suono
mentre tutto il mondo si commenta da solo
il cerino sfregato nel buio
fa più luce di quanto vediamo
c'è qualcuno che può rompere
il muro del suono

sotto gli occhi impegnati
in ben altro del mondo

ogni storia è riscritta
in economia
con i pitbull mollati
a sbranare per strada
e coi padroni che stanno fumando
chi doveva pagare
non ha mai pagato l'argenteria

c'è qualcuno che può rompere
il muro del suono
mentre tutto il mondo si commenta da solo
il cerino sfregato nel buio
fa più luce di quanto vediamo
c'è qualcuno che può rompere
il muro del suono

sotto gli occhi comunque
distratti del mondo
si rovesciano centro
e periferia
il vampiro non cambia
pistola alla tempia
non chiede scusa per tutto quel sangue
chi doveva pagare non ha mai pagato per la carestia
chi doveva pagare non ha mai pagato l'argenteria
chi doveva pagare non ha mai pagato

c'è qualcuno che può rompere
il muro del suono
mentre tutto il mondo si commenta da solo
il cerino sfregato nel buio
fa più luce di quanto crediamo
c'è qualcuno che può rompere
il muro del suono

Il volume delle tue bugie

e continui a dire al mondo
che ogni uomo vale un altro
e arrotondi per difetto
ma ci fai un altro salto
i tuoi salti nel tuo vuoto
dici tu meglio di niente
troppo sola troppe volte
troppe volte troppa gente

ed è sempre troppo alto
e non riesci ad abbassarlo
è una vecchia compagnia
il volume delle tue bugie

e continui a dire al mondo
che le cose sono chiare
ce la fanno solo i duri
che chi spera si fa male
e tu oramai sei dura dentro
molto più di quel che basta
non ti possono far niente
niente amore niente guasti

ed è sempre troppo alto
e non riesci ad abbassarlo
è una certa garanzia
il volume delle tue bugie
quelle pagine bruciate
i capitoli strappati
è una vecchia antologia
il volume delle tue bugie

e continui a dire al mondo
che può starsene lontano
che hai già tutto quel che serve
e che hai sempre la tua mano
e se ti succede ancora
di guardare in faccia il mare
giri in fretta gli occhi e il cuore
che hai ben altro a cui pensare

ed è sempre troppo alto
e non riesci ad abbassarlo
è una certa profezia
il volume delle tue bugie
quelle pagine bruciate
i capitoli strappati
è una vecchia compagnia
il volume delle tue bugie

Il sale della terra

siamo la sorpresa dietro i vetri scuri
siamo la risata dentro il tunnel degli orrori
siamo la promessa che non costa niente
siamo la chiarezza che voleva molta gente

siamo il capitano che vi fa l'inchino
siamo la ragazza nel bel mezzo dell'inchino
siamo i trucchi nuovi per i maghi vecchi
siamo le ragazze nella sala degli specchi

siamo il culo sulla sedia
il dramma la commedia
il facile rimedio

siamo l'arroganza che non ha paura
siamo quelli a cui non devi chiedere fattura

siamo il sale della terra
siamo il sale della terra

siamo l'opinione sotto libro paga
siamo le riunioni qui nel retro di bottega
siamo le figure dietro le figure
siamo la vergogna che fingiamo di provare

siamo il culo sulla sedia
la farsa la tragedia
il forte sotto assedio

siamo la vittoria della tradizione
siamo furbi che più furbi di così si muore

siamo il sale della terra
siamo il sale della terra

siamo la freddezza che non ha paura
siamo quel tappeto steso sulla spazzatura
siamo la montblanc con cui ti faccio fuori
siamo la risata dentro il tunnel degli orrori

siamo il sale della terra
siamo il sale della terra

La neve se ne frega

tu che allarghi le braccia
e cominci a tremare
e le porgi la faccia
ti sembra cotone ti sembrano piume
nessun tipo di sforzo
non fa neanche una piega
c'è chi ne ha già abbastanza
ma tanto la neve, lei se ne frega

copre i coppi e le piazze
le altalene e i bidoni
i sorrisi dei pazzi
e le bestemmie di qualche barbone
tutti quanti costretti
a un tempo diverso
io ti guardo negli occhi
e vedo lontano
il tempo che ho perso

parlami davvero
dentro questo gelo
sentimi davvero
che non fa più buio
baciami davvero
che non casca mica tutto il cielo
che ci stiamo ancora sotto insieme

sembra tutto pulito
sembra tutto più chiaro
tutto quanto più morbido
senza più spigoli da arrotondare
i progetti divini

il destino e la sfiga
fatti solo vicina che tanto
la neve lei se ne frega

i segreti più son vecchi e più saran pesanti
puoi tirarli fuori tanto qui saran coperti
la manna forse aveva questa forma e allora puoi fidarti

parlami davvero
sciogli questo gelo
sentimi davvero
che spegniamo il buio
baciami davvero
che non casca mica tutto il cielo
che ci stiamo ancora sotto insieme
parlami davvero
non lasciare niente
scaldati davvero
sotto questa coltre
baciami davvero
che possiamo stare ancora fuori
che la neve qui fa il suo lavoro

copre antenne e furgoni
gli ospedali e gli incroci
desideri e intenzioni
e fanali che fanno già meno luce
io ti guardo negli occhi
hai le ciglia bagnate
e prometti di tutto
e nevica ancora da togliere il fiato

LA TERRA TREMA, AMORE MIO

la terra trema, amore mio
i figli van tenuti in braccio
ognuno con le sue domande da fare a dio

che sembra un impeto d'inferno
che non vuol stare più coperto
venuto su a mangiarsi tutto
a bocca aperta

tu guarda nei miei occhi
e trovaci un domani
e appena avrai finito
prova a raccontarmelo se puoi
tu passa fra i miei occhi
fra polvere e rottami
e se mi trovi ancora
vieni a salutarmi come sai

i nostri passi fino qui
i solchi fatti in questo posto
se pure trema c'è qualcosa che riconosco

ma quanto trema amore mio
si deve togliere un capriccio
non sta a guardare a scuole e chiese
non guarda in faccia

tu guarda nei miei occhi
e trovaci un domani
e appena avrai finito
prova a raccontarmelo se puoi
tu passa fra i miei occhi

fra polvere e rottami
e se mi trovi ancora
vieni a salutarmi come sai

la terra trema, amore mio
staremo sempre un po' più svegli
se stiamo stretti stiamo in piedi
un poco meglio

tu che hai bisogno di me
che ho bisogno di te
ognuno con le sue risposte
date da dio

Tu sei lei

dopo tutti questi anni
io non smetto di guardarti
qualche volta ancora a bocca aperta

non finisco di capire
non finisci di stupire
come non dovesse mai finire

vuoi nascondermi i difetti
mentre a me piacciono tutti
ma non te lo vuoi sentire dire

e ti guardo mentre sogni
e mi tocca stare fuori
e mi tocca solo indovinare

dopo tanti anni e un giorno
quando il mare sembra calmo
vieni fuori ancora tu
con quel nome da straniera
da chi è sempre stata sola
e da un po' non deve più

tu sei lei
tu sei lei
fra così tanta gente
tu sei lei
tu sei lei
e lo sei stata sempre

e quegli occhi li conosco
io li ho visti spesso nudi

ma non si vedeva mai la fine

il tuo cuore accelerato
le pupille dilatate
e non mi restituisci il cuore

dopo tanti anni e un giorno
quando il vento sembra fermo
vieni fuori sempre tu
con quel nome da straniera
da chi riesce a stare sola
ma da un po' non deve più

tu sei lei
tu sei lei
fra così tanta gente
tu sei lei
tu sei lei
e lo sei stata sempre
se l'universo intero
ci ha fatto rincontrare
qualcosa di sicuro vorrà dire
tu sei lei
come sei
inesorabilmente

e mi hai salvato tante volte
da qualche tipo di altra morte
andando dritta sulla verità
e mi regali un altro giorno
in cui sembra tutto fermo
ma tutto si trasforma
tutto si conferma
e lasci in giro il tuo profumo
come a dirmi «io ci sono»
come a dirmi «sarò sempre qua»

tu sei lei
tu sei lei
fra così tanta gente
tu sei lei
tu sei lei
e lo sei stata sempre
se l'universo intero
ci ha fatto rincontrare
qualcosa di sicuro vorrà dire
tu sei lei
come sei
inevitabilmente

Con la scusa del rock'n'roll

con la scusa del rock'n'roll
ho rimandato tutti gli anni a più tardi
cercando di ballare sopra i ricordi
con il volume come fossimo sordi

con la scusa del rock'n'roll
mi han detto di giocarmi il tutto per tutto
facendo finta di sembrare distratto
ma il più lontano dalla sala d'aspetto

e la mia stanza prendeva fuoco
che certi dischi tiravan su
anch'io bruciavo
che poi quando uscivo
pensavo solo a
non morire più

con la scusa del rock'n'roll
sono partito per toccare con mano
sono finito a volte troppo lontano
senza sapere se davvero tornavo

con la scusa del rock'n'roll
ho detto cose che potevo non dire
e fatto cose che potevo non fare
e visto gente che ha voluto vedere

la mia chitarra la malmenavo
canzoni chiuse però laggiù
io continuavo
che poi quando uscivo
cercavo solo

di non morire più

con la scusa del rock'n'roll
andare avanti con le vecchie illusioni
i vecchi sogni in una nuova versione
sbattendo ancora contro certi portoni

e certe sere con te di fronte
e certe note venute su
devo soltanto pensare a niente
provare solo a
non morire più

Ciò che rimane di noi

cosa c'è
e cosa no
che ci portiamo via
chissà se ciò che senti
lo sentirai per sempre
cosa va
e cosa no
in questa fantasia
e come non è andata
e cosa non è stato

è un natale molto duro
sembra vuoto dentro
su ogni tuo regalo
non c'è scritto niente
quando sai com'è l'abisso
non sei più lo stesso
ti tieni un po' più stretto
a chi ti tiene stretto

però alla fine di questo dolore
sarà fin troppo alla luce del sole
ciò che rimane di noi
cosa rimane di noi
però alla fine di questo dolore
dovremo sempre comunque contare
su ciò che rimane di noi
cosa rimane di noi

cosa c'è
e cosa no
che ci fa compagnia

e si è piazzato dentro
e non l'abbiamo scelto
cosa va
e cosa no
in questa lotteria
a volte paghi molto
rispetto alle tue colpe

è un natale molto duro
a luci quasi spente
su ogni mio regalo
non c'è scritto niente
quando sai com'è l'abisso
non sei più lo stesso
sai solo andare avanti
per come sei adesso

però alla fine di questo dolore
sarà per sempre alla luce del sole
ciò che rimane di noi
cosa rimane di noi
però alla fine di questo dolore
potremo sempre comunque contare
su ciò che rimane di noi
cosa rimane di noi

è un natale molto duro
quando non lo senti
e sulle luminarie
non c'è scritto niente
dopo il giro nell'abisso
non sei più lo stesso
puoi solo andare avanti
con tutto quanto addosso

però alla fine di questo dolore

sarà più chiaro alla luce del sole
ciò che rimane di noi
cosa rimane di noi
però alla fine di questo dolore
potremo sempre comunque contare
su ciò che rimane di noi
cosa rimane di noi

Per sempre

mio padre che mi spinge a mangiare
e guai se non finisco
mio padre che vuol farmi guidare
mi frena con il fischio
il bambino più grande mi mena
davanti a tutti gli altri
lui che passa per caso mi salva
e mi condanna per sempre
mio padre di spalle sul piatto
si mangia la vita
e poi sulla pista da ballo
fa un valzer dentro il suo nuovo vestito

per sempre
solo per sempre
cosa sarà mai portarvi dentro solo tutto il tempo
per sempre
solo per sempre
c'è un istante che rimane lì piantato eternamente

e lei che non si lascia afferrare
si piega indietro e ride
e lei che dice quanto mi ama
e io che mi fido
e lei che mi toccava per prima
la sua mano bambina
vuole che le giuri qualcosa
le si gonfia una vena
e lei che era troppo più forte
sicura di tutto
e prima di andarsene mi dà il profilo
con un movimento perfetto

per sempre
solo per sempre
cosa sarà mai portarvi dentro solo tutto il tempo
per sempre
solo per sempre
c'è un istante che rimane lì piantato eternamente
per sempre
solo per sempre

mia madre che prepara la cena
cantando sanremo
carezza la testa a mio padre
gli dice vedrai che ce la faremo

per sempre
solo per sempre
cosa sarà mai portarvi dentro solo tutto il tempo
per sempre
solo per sempre
c'è un istante che rimane lì piantato eternamente
per sempre
solo per sempre
cosa sarà mai portarvi dentro solo tutto il tempo

Nati per vivere

(adesso e qui)

ogni giorno è un altro giorno
altro che domani
sveglia, paglia, mal di testa,
prime imprecazioni
fra gli annunci non c'è niente
il futuro è cominciato già

ogni giorno è un altro giorno
non lo puoi saltare
qualcheduno canta
che sei nato per morire
fuori si alza ancora il vento
chi lo sa se il tempo cambierà

nati per vivere
adesso e qui
sotto le costole
un ritmo irregolare
che non si fa dimenticare

ogni giorno è un altro giorno
altro che domani
le promesse che ti han fatto
sono andate a male
la tua miccia è corta
non sai quando la tua rabbia esploderà

ogni giorno è un altro giorno
non si può sapere
ciò che è andato storto adesso
non lo puoi cambiare

ma respiri a fondo e senti
che ora il tempo non ti scapperà

nati per vivere
adesso e qui
sotto le costole
un ritmo irregolare
che non si fa dimenticare

nati per vivere
è tutto qui
devo segnarmelo
prima di morire
un altro testo da imparare

guarda come resti nell'inferno
che perlomeno lì fa caldo
guarda come guardi in alto e chiedi
come la mettiamo
guarda come è facile scordare
la tua porca verità

nati per vivere
adesso e qui
sotto le costole
un ritmo irregolare
che non si fa dimenticare

nati per vivere
è tutto qui
devo segnarmelo
prima di morire
un altro testo da imparare

Siamo chi siamo

conosco una ragazza di torino
che ha un occhio mezzo vuoto e un occhio pieno
e parla sempre di partire
senza posti in cui andare
prendere soltanto il primo volo

siamo chi siamo
siamo arrivati qui come eravamo
abbiamo parcheggiato fuori mano
si sente una canzone da lontano

nel mezzo del cammin di nostra vita
mi ritrovai a non aver capito
ma poi ci fu una distrazione
o forse fu un'insolazione
a dirmi non c'è niente da capire

di tutte quelle strade
averne presa una
per tutti quegli incroci
nessuna indicazione
di tutte quelle strade
trovarsi a farne una
qualcuno ci avrà messi lì

siamo chi siamo
un giorno c'era un doppio arcobaleno
un giorno c'hanno attaccati al seno
un giorno c'hanno rovesciato il vino
siamo chi siamo
siamo arrivati qui come eravamo
abbiamo parcheggiato fuori mano

tu non chiamare più che ti richiamo

conosco una ragazza di salerno
che non ha mai tirato giù lo sguardo
non sa che cosa sia la pace
non dorme senza un po' di luce
ancora un altro segno della croce

di tutte quelle strade
saperne solo una
nessuno l'ha già fatta
non la farà nessuno
per tutti quegli incroci
tirare a testa o croce
qualcuno ci avrà messi lì

siamo chi siamo
il prezzo di una mela per adamo
il tempo dell'ennesimo respiro
e gli anticorpi fatti col veleno
siamo chi siamo
la nebbia agli irti colli forse sale
non ci si bagna nello stesso fiume
non si finisce mai di avere fame

conosco le certezze dello specchio
e il fatto che da quelle non si scappa
e ogni giorno mi è più chiaro
che quelle rughe sono solo
i tentativi che non ho mai fatto

siamo chi siamo
siamo arrivati qui come eravamo
si sente una canzone da lontano
potresti fare solo un po' più piano?

Sono sempre i sogni a dare forma al mondo

io non lo so
quanto tempo abbiamo
quanto ne rimane
io non lo so
che cosa ci può stare
io non lo so
chi c'è dall'altra parte
non lo so per certo
so che ogni nuvola è diversa
so che nessuna è come te

io non lo so
se è così sottile
il filo che ci tiene
io non lo so
che cosa manca ancora
io non lo so
se sono dentro o fuori
se mi metto in pari
so che ogni lacrima è diversa
so che nessuna è come te

sono sempre i sogni a dare forma al mondo
sono sempre i sogni a fare la realtà
sono sempre i sogni a dare forma al mondo
e sogna chi ti dice che non è così
e sogna chi non crede che sia tutto qui

io non lo so
se è già tutto scritto
come è stato scritto
io non lo so

che cosa viene dopo
io non lo so
se ti tieni stretto
ogni tuo diritto
so che ogni attimo è diverso
so che nessuno è come te

e a giornata finita
a stanchezza salita
a salute brindata
provi a fare i conti

a giornata finita
alla fine capita
a preghiera pensata
tu ti prendi il tempo

sono sempre i sogni a dare forma al mondo
sono sempre i sogni a fare la realtà
sono sempre i sogni a dare forma al mondo
e sogna chi ti dice che non è così
e sogna chi non crede che sia tutto qui

Appendice

Il tempo dell'emozione

Riproduciamo qui la *lectio doctoralis* tenuta da Luciano Ligabue in occasione della laurea *honoris causa* in Editoria, comunicazione multimediale e giornalismo (Università degli Studi di Teramo, 28 maggio 2004).

Non so se riuscirò a trasmettervi adeguatamente la soddisfazione per l'onore che mi fate. Mentre ho la sensazione che il mio imbarazzo avrà vita più facile.

Comunque in qualche modo dovrò pur cominciare, e allora perdonatemi se lo faccio con un'ovvietà: ho sempre pensato che qualsiasi forma di comunicazione, per essere efficace, debba rispettare o, ancora meglio, rispecchiare il bisogno che la produce. Un bisogno che, quanto a impellenza, non può non essere catalogato fra quelli primari. Questo, sostanzialmente, perché ha a che fare con un'altra necessità vitale, ingombrante quanto preziosa: l'emozione. Per il mittente come per il destinatario. E qualsiasi modalità d'espressione, artistica o no, se è figlia vera di un bisogno così essenziale, è per forza legata all'emozione. A proposito del termine *emozione* vi chiedo già da ora di perdonarmi per l'abuso che ne farò nei prossimi minuti ma, poiché proprio di questo vi parlerò, la parola *emozione* resta la più esatta e nessun sinonimo la può sostituire degnamente.

Pier Vittorio Tondelli, che oltre a essere l'autore che è stato era anche mio concittadino, sosteneva che l'unica scrittura possibile era la cosiddetta «scrittura emotiva». L'esempio di un tipo di espressione che non può permettersi il pudore della propria emozione. Deve anzi consentire all'urgenza che la provoca di superare per importanza la qualità tecnica della frase, del lessico scelto, della punteggiatura relativa.

Kerouac stesso è stato un esempio evidente di quella ricerca di purezza emotiva nella propria scrittura. Credo non sia stato un caso che il suo stile venisse accusato da più parti di ridursi a essere un semplice battere a macchina. Un'accusa così forte è la testimonianza di una forte emozione provata, anche quando negativa: quindi, la testimonianza che l'intenzione di Kerouac era comunque realizzata, e la sua scrittura era riuscita.

Thomas de Quincey sosteneva che la letteratura emotiva è una letteratura di potenza. E poi divideva la letteratura stessa in due grandi gruppi: letteratura di conoscenza e letteratura di potenza. Concludendo poi che, mentre la prima invecchia e sparisce senza lasciare tracce, la seconda esiste finché dura la lingua.

Louis-Ferdinand Céline diceva «il mio metro emotivo prende su tutto. I miei libri prendono su tutto». Aggiungendo poi che il suo obiettivo era restituire tutta l'emozione del linguaggio parlato attraverso il linguaggio scritto.

Tornando a Tondelli, per finire finalmente con le citazioni, chiudeva un suo breve testo sulla scrittura con queste parole: «il testo emotivo fotte l'inconsolabile solitudine di essere al mondo». Una conclusione forse eccessivamente romantica e che addirittura può sembrare paradossale, visto che leggere e scrivere sono attività notoriamente solitarie, ma nella realtà una conclusione che ci riporta al punto di partenza, cioè alla *necessità* di una forte circolazione delle emozioni, come autori e come lettori. Come esseri umani.

La mia personale esperienza mi ha fatto maturare una tesi, ovviamente altrettanto personale: la canzone ha l'ambizione di perseguire lo stesso modello di purezza emotiva. Immaginerete quanto io mi senta debitore verso questo strumento di comunicazione popolare, ma tengo a precisare che le considerazioni che farò mi vedranno forse più nelle vesti del fruitore che in quelle dell'autore.

Innanzitutto permettetemi di soffermarmi su un elenco di difetti, o presunti tali, che la canzone in tanti anni di vita non è mai riuscita a correggere a sé stessa. Intanto un problema di spazio: la canzone, per la sua brevità e per le costrizioni cui la obbliga la musica che la compone, forza l'autore a un uso limitato di cento-duecento-trecento parole. Quindi lo costringe a un'operazione di sintesi. Inoltre l'autore è spesso obbligato a usare non tanto le parole che vorrebbe, quanto quelle che assolvono una loro funzione ritmica o di rispetto metrico o addirittura di rima. Insomma, soprattutto parole che "suonano".

Un'altra limitazione è quella di una struttura che si ripropone da sempre fedele a sé stessa: strofa-ritornello-strofa-ritornello. In molti casi diventa strofa-ponte-ritornello e in un minor numero di casi c'è una divagazione, altrimenti detta *c* o *speciale* che di solito si usa dopo il secondo ritornello. In ogni caso siamo sempre e comunque di fronte allo stesso tipo di gabbia. Una struttura consolidata che, nel tempo, ha dimostrato di essere l'unica, quasi fosse un codice non modificabile, in grado di far mantenere alla canzone quelle caratteristiche di riconoscibilità e accesso così vitali per il suo essere strumento popolare.

Altro problema è il famoso vecchio discorso delle note che sono soltanto sette (in realtà sono dodici) e quindi le combinazioni derivanti sarebbero sempre e solo quelle che sono.

Senza considerare che, nel frattempo, le canzoni già scritte (e quindi le combinazioni già usate) sono milioni.

Ma siamo veramente sicuri che quelli che ho appena elencato siano veramente, o siano soltanto difetti? Personalmente credo di no. Rivediamoli uno per uno.

Lo spazio esiguo e la necessità di sintesi conseguente, se da un lato sono una limitazione, dall'altro costringono l'autore a lavorare fino a quando non si imbatte nell'emozione necessaria. Necessaria e "raccolta", perché nella canzone non ci può essere dispersione. Soprattutto, quando dovrà fare a meno di termini o di immagini letterarie che gli piacciono ma che non si adeguano al suono della canzone (io, per inciso, rinuncio di frequente ai congiuntivi quando sento che si oppongono a una sensazione di parlato che in certi casi mi sembra necessaria), l'autore, nel costringersi a parole che "suonano" per forza, si troverà a dover accertare che l'emozione resti viva parola per parola, suono per suono. Con tutto il sollievo che proverà di fronte a un ritornello che comunica finalmente ciò che voleva, con la leggerezza necessaria, con la sensazione di precisione che testimonierà l'emozione che ha vissuto a scriverlo e con la musicalità delle parole fluida, come serve. Sempre che, ovviamente, il ritornello arrivi.

E a proposito di refrain, l'obbligo alla struttura consolidata, e quasi inevitabile, di strofa-ponte-ritornello porterà naturalmente l'autore a livelli d'intensità emotiva diversa in base alla parte che sta scrivendo. Ben sapendo che la temperatura del ritornello dovrà essere la più calda, quella della strofa offrirà maggiori possibilità in fatto di sfumature e quella del ponte svolgerà la funzione implicita nel nome stesso, cioè farà da ponte.

Detta così, sembra che ci si possa servire di una specie di «tecnica dell'emozione»: in realtà, l'autore arriva solo a una sorta di consapevolezza che lo allerta sul fatto che, secondo quel termometro emotivo, certe parti non funzioneranno fin quando non saranno figliate dall'emozione adeguata.

Per quanto riguarda la parte musicale, è vero che le note sono dodici e che le canzoni scritte sono tante, ma anche questi dati di fatto obbligano chi ne scrive una nuova a battere strade che siano il più possibile personali, come personale deve essere l'emozione che confluirà in una melodia ariosa o, in qualche modo, significativa.

A questo proposito, possiamo fare l'esempio del blues, che si serve sempre e solo di tre accordi (che alla fine sono sempre gli stessi) e di un numero di note anche minore rispetto agli altri generi musicali (la scala del blues è pentatonica e quindi composta da sole cinque note-base). Il risultato è che l'emozione trasmessa da chiunque metta così tanto sentimento in poche note, suonate per di più lentamente, sia decisamente maggiore che non quella sparata da qualsiasi chitarrista preoccupato soprattutto di mostrare la propria abilità tecnica e la propria velocità d'esecuzione.

In conclusione, sono proprio i "limiti" della canzone a fare da garanti per la presenza dell'emozione. Quella adeguata, quella che ne dovrebbe giustificare la scrittura e la circolazione.

Nel tempo ho verificato che le mie canzoni più riuscite sono quelle che ho scritto di getto, in meno di un'ora. Mi è capitato ovviamente di verificare che, con un lavoro più attento e preciso, in qualche modo più rigoroso, uscissero immagini più raffinate, passaggi più ambiziosi, sulla carta qualitativamente migliori, però la loro combinazione con la musica dava un risultato che aveva, in qualche modo, poca forza rispetto alla (chiamiamola) incoscienza della scrittura d'impulso.

Qui non vorrei scomodare il concetto romantico e un po' troppo elitario di ispirazione, quanto piuttosto quello del tempo dell'emozione. Un tempo che matura in modo diverso a seconda delle tappe personali di vita dell'autore. Un tempo che non è mai possibile provocare o indurre. Ma la curiosità, l'indignazione, la propria vulnerabilità o fragilità, l'entusiasmo di una fase della vita possono sicuramente favorirlo.

Molti autori sostengono che scrivere tutti i giorni provochi l'arrivo di quel tempo. Personalmente mi è capitato di utilizzare quel metodo. Ma, a prescindere dal fatto che possa funzionare e dalla qualità che riesce a produrre, continua a sembrare un modo per assediare l'emozione, per espugnarla, invece di lasciarla ai suoi tempi naturali. In attesa di quelli – i tempi del bisogno di raccontare – ci sono solo alcuni trucchi di gestione e progettazione.

Rispetto alle altre forme d'espressione a cui sono ricorso ad oggi, in ognuna di esse può cambiare un po' il bilanciamento fra gestione e necessità emotiva ma resta sempre predominante la seconda.

La scrittura di un racconto, in cui la struttura può essere piuttosto elastica e libera da schemi, è per me molto simile, in termini emotivi, a quella della canzone: è in qualche modo febbrile perché strettamente legata all'intensità dell'emozione generatrice.

La scrittura di un romanzo prevede una fase più progettuale per quello che riguarda proprio la struttura. E sicuramente c'è la necessità di una certa freddezza nella composizione, nell'analisi e nella valutazione della scaletta. Però, anche in quel caso, per la realizzazione dello scheletro si può agire solo sull'onda di un'emozione capace di produrne le varie parti. Da lì in poi, una volta passati ai capitoli, vale il discorso di racconti e canzoni.

Per la scrittura di sceneggiature la fase gestionale diventa ancora più presente. Bisogna progettarne la struttura nelle varie fasi che di solito la compongono: presentazione, crisi, risoluzione e finale. Ma soprattutto bisogna fare i conti con l'effettiva realizzabilità economica, ma anche visiva, di ogni scena. Però, tornando a me, questo tipo di verifica l'ho fatta solo dopo aver scritto le scene (ancora una volta) dietro impulso emotivo.

La regia, infine, si basa su ciò che può sembrare un ossimoro: la progettazione dell'emozione. Si tratta di un confronto costante con tutti i collaboratori per la realizzazione di tanti piccoli pezzi di film di pochi secondi che, tra l'altro, non vengono mai girati in sequenza. Quindi con l'ulteriore complicazione di non procedere seguendo un flusso emotivo, ma realizzandone parti che andranno pensate in testa ad alcune già girate oppure in coda ad altre ancora da filmare. Ma anche in quel caso, una volta terminati i tempi di allestimento, ogni minima sequenza funzionerà solo se in quei pochi secondi ci sarà tutta l'emozione apportata dal direttore della fotografia con le sue luci, i filtri e gli obiettivi, dallo scenografo che ha realizzato il set, dal costumista che aiuta la caratterizzazione dei personaggi con stili e cromatismi, dagli operatori e macchinisti che riprendono e fanno girare i carrelli e i dolly e, ovviamente, dagli attori.

Tornando alla canzone, a proposito di gestire e progettare, anche qui ci sono alcune tecniche, chiamiamole piccole malizie o trucchi di bottega, di cui di solito un autore o un compositore un po' esperto fa uso nell'illusione di domarla.

Intanto la concisione. Una canzone dovrebbe stare dentro i cinque minuti, meglio se quattro o anche tre. D'altro canto non si può dire che, per esempio, *La locomotiva* di Francesco

Guccini, che di minuti ne dura nove, non sia una canzone popolare.

In genere scrivere in tonalità minore aiuta a comunicare meglio malinconia o tristezza o introspezione, mentre scrivere in tonalità maggiore predispone a comunicare sentimenti più netti, aperti, leggeri. Eppure, *Ancora tu* di Lucio Battisti, scritta in tonalità minore, racconta l'allegria di un re-incontro sentimentale. Al contrario, *La donna cannone* di Francesco De Gregori e *Com'è profondo il mare* di Lucio Dalla sono in maggiore. Bellissime, ma con tutte le caratteristiche che si trovano di solito nelle canzoni in tonalità minore.

In genere viene consigliato di evitare di descrivere fatti di attualità con la motivazione che la canzone, così, invecchierebbe presto. Ma la storia della musica è piena di canzoni che sono la fotografia di un momento preciso e che, in qualche modo, si riattualizzano negli anni. Perché questo è un altro dei grossi poteri della canzone, quello di farsi trovare "diversa" nel tempo grazie a nuove interpretazioni (guarda caso) emotive di un ascoltatore che via via viene cambiato dalla vita.

Poi si sa che usando un tempo in tre/quarti o in sei/ottavi si otterrà in genere un risultato ondulatorio, fluido, con possibilità melodiche di notevole apertura. E si sa che l'uso delle frequenze basse mette più rapidamente in comunicazione con la parte più primitiva e fisica, si dice anche sessuale, dell'ascoltatore. E che utilizzando giri armonici familiari all'orecchio dell'ascoltatore risulti più immediato il contatto con lui. Ancora oggi trovo quasi miracoloso che canzoni così diverse con dentro intenzioni, contenuti e atmosfere così diverse, come per esempio *Stand by me*, *Il cielo in una stanza* e *Dio è morto*, abbiano in comune la stessa sequenza di accordi.

Ma per quanti trucchi possa conoscere un autore, risulta

abbastanza facile dire che, da soli, produrranno poco e che, soprattutto, non gli basteranno mai per “domare” una canzone.

Perché, altrimenti, ognuna di esse sarebbe un successo. E qui arriviamo a una delle maggiori qualità della canzone: la sua inafferrabilità.

François Truffaut sosteneva che le canzoni che ha amato di più erano probabilmente le più stupide. Io sono convinto che l’intellettuale più integerrimo che dichiara passione solo per il jazz o per la classica o per certa musica cosiddetta «alta», nel buio della cabina – non elettorale – ma della propria doccia, canticchia parecchie melodie pop che non confesserà mai, ma che gli restano in testa tutto il giorno.

Inafferrabile, imprevedibile e potente, la canzone. Talmente potente da non curarsi di nessun tipo di distinzione sociale, etnica, anagrafica, religiosa o di sesso. Per lei tutte le orecchie sono buone. Quante volte avrete sentito dire che certi generi che la dovrebbero contenere, uno per tutti il rock, sono morti? Quante volte avrete letto o sentito raccontare di nuove ondate di mode o tendenze entro cui piazzarne qualcuna? Quante volte vi sarà capitato di imbattervi in un aggettivo che maldestramente provava a specificarne l’identità? Canzone d’amore o sociale o psicoanalitica o politica o esistenzialista? Quante volte, piuttosto, vi sarete accorti che la canzone se ne frega di tutti quegli incasellamenti e si fa strada oppure o no a seconda di elementi misteriosi che sicuramente esulano da certe appartenenze?

Hanno provato a farne un’analisi geometrica stabilendo che la melodia è la parte orizzontale e l’armonia quella verticale. Hanno provato a ridurla a una semplice somma algebrica. Ovvero la canzone sarebbe “soltanto” l’emozione dell’autore delle parole più quella del compositore delle musiche più quella dell'arrangiatore più quella del produttore più quella di chi la suona e più naturalmente quella di chi canta.

Se le combinazioni delle note sono tante, immaginerete quante possano essere quelle delle emozioni di chi contribuisce alla scrittura e alla realizzazione di una canzone. Senza considerare che la canzone è emozione in movimento, e quindi doppiamente inafferrabile, perché l'esecuzione dal vivo la rinnova e modifica ogni volta in chi la canta o suona o ascolta. Perché, poi, alla somma di prima manca ancora un fattore determinante: l'emozione di chi la sta ad ascoltare. Una canzone è sempre il risultato dell'incontro fra la penna (o il piano o la chitarra) di chi la scrive, la voce di chi la canta e l'orecchio di chi l'ascolta.

Questo non per continuare a rimestare nell'ovvietà né per lasciarsi andare a una piccola constatazione anatomicovibrazionale, quanto per ricordare la potenza del sentimento di immedesimazione che un preciso connubio di melodia, armonia, ritmo, parole e voce riesce a produrre in chi è emotivamente sintonizzato grazie a un particolare momento della propria vita.

E se parlo di «preciso connubio» non è per caso. Perché un'altra caratteristica fondamentale di questo strumento di comunicazione è la sua irripetibilità. Francesco De Gregori sostiene che la canzone è come un paio di scarpe fatte da un calzolaio. Un lavoro artigianale realizzato con gli strumenti che si possiedono in quel momento: è unica. Forse questa definizione minimale ha prodotto un'immagine un po' ingenerosa rispetto alla qualità che lui ha saputo produrre, ma chiarisce il suo pensiero sul tema della irripetibilità. Fabrizio De André ha detto: «non ho nessuna verità assoluta in cui credere, non ho nessuna certezza in tasca e, quindi, non la posso regalare a nessuno e va già molto bene se posso regalare qualche emozione».

E qui torniamo al punto di partenza. Vi chiedo di perdonarmi se ho fatto così tante generalizzazioni sulla canzone che, in realtà, come ben sapete e come ho fino a qui sottolineato, è composta di tante piccole unità indipendenti e quindi non catalogabili. Tutte le differenze fra intenzioni, tipo di coinvolgimento e qualità degli autori, tutte quelle di forma, onde sonore, arrangiamenti, tutte quelle delle voci, insomma tutte le numerosissime differenze fra ogni canzone non permettono un'analisi d'insieme se non, a mio modesto parere, per la presenza dell'emozione che le deve originare.

A me piace pensare che non si possa decidere oggettivamente se una canzone è bella o brutta. Mi piace pensare che le valutazioni siano sempre fortemente soggettive in base ai diversi effetti emotivi, molto difficilmente analizzabili, che quella canzone ha avuto sulla persona che la giudica. E infine mi piace pensare che le canzoni che più di altre sono finite nella vita di un grosso numero di persone siano tutte frutto dell'emozione che le ha originate: scritte solo perché qualcuno aveva *bisogno* di dire quelle cose.

Forse tutto questo non è nient'altro che una specie di autoconvincimento, visto che l'emozione è parte integrante e forse ingombrante se non addirittura prevaricante della mia natura e in questo modo ho cercato di far passare per teoria quello che era un punto di vista. E quello che vi ho appena esposto, punto di vista lo era in pieno.

Di una cosa però sono certo. Il bisogno espressivo derivante da quell'emozione riesce a sconfiggere una forma di presunzione che io trovo molto fastidiosa: la presunzione quasi intollerabile per cui si scrive una canzone pensando che ci sarà sicuramente qualcuno che l'ascolterà.

Bibliografia

Testi di Ligabue

Fuori e dentro il borgo, Dalai Editore, 1997.

Radiofreccia. La sceneggiatura, le foto e altro ancora (con Antonio Leotti, fotografie di Chico De Luigi, con interventi di Alessandro Baricco e Gianni Canova), Fandango, 1999.

La neve se ne frega, Feltrinelli, 2004.

Lettere d'amore nel frigo. 77 poesie, Einaudi, 2006.

Tra palco e realtà: tutte le canzoni (con DVD), a cura di Vincenzo Mollica e Valentina Pattavina, con uno scritto di Vincenzo Cerami, Einaudi, 2007.

Niente paura. Come siamo come eravamo e le canzoni di Luciano Ligabue (con DVD), con Piergiorgio Gay e Piergiorgio Paterlini, Rizzoli, 2011.

Il rumore dei baci a vuoto, Einaudi, 2012.

Interviste e libri su Ligabue

Eleonora Bagarotti, *Ligabue. 1990-2004. In viaggio tra rock, cinema e letteratura*, Editori Riuniti, 2004.

Riccardo Bertoncelli, *Vivere a orecchio. Ligabue si racconta a Riccardo Bertoncelli*, Giunti, 2005.

Massimo Cotto, *Urlando contro il cielo. Conversazione con Luciano Ligabue*, Aliberti, 2007.

Paola Maugeri e Luca De Gennaro, *Storytellers. La musica si racconta*, TEA, 2007.

Patrizia De Rossi, *Quante cose che non sai di me. Le 7 anime di Ligabue*, LIT, 2012.
Riccardo Bertoncelli, *The Liga story volume 1. Da zero alla fine del mondo*, Giunti, 2013.
Marcello Ubertone, *Luciano Ligabue. La storia dietro ogni canzone*, Barbera, 2013.

ALTRI LIBRI CITATI*

Confucio, *Il libro delle massime*, Dalai Editore, 2012.
Cesare Zavattini, *Toni Ligabue*, Bompiani, 2004.
Pier Vittorio Tondelli, *Altri libertini*, Feltrinelli, 2010.
The Paris Review. Interviste. Vol. 1, Fandango Libri, 2009.
Charles Bukowski, *Storie di ordinaria follia. Erezioni, eiaculazioni, esibizioni*, Feltrinelli, 2003.
Italo Calvino, *Lezioni americane. Sei proposte per il prossimo millennio*, Mondadori, 2000.
Haruki Murakami, *L'arte di correre*, Einaudi, 2011.
Raymond Carver, *Il mestiere di scrivere. Esercizi, lezioni, saggi di scrittura creativa*, Einaudi, 2008.
Matteo De Benedittis, *Cantami o dj. Lezioni parecchio alternative d'italiano*, Kowalski, 2009.
Pier Vittorio Tondelli, *Un weekend postmoderno. Cronache dagli anni ottanta*, Bompiani, 2001.
Umberto Fiori, *Scrivere con la voce. Canzone, rock e poesia*, Unicopli, 2003.
François Truffaut, *Il cinema secondo Hitchcock*, Il Saggiatore, 2013.
Walter Benjamin, *Aura e choc. Saggi sulla teoria dei media*, Einaudi, 2012.
Oscar Wilde, *Il ritratto di Dorian Gray*, Feltrinelli, 2013.

* Le citazioni sono in ordine di apparizione; il riferimento è a edizioni disponibili in commercio.